本书系国家社科基金重大项目"网络时代的社会治理与刑法体系的理论创新研究"（项目编号：20&ZD199）的阶段性研究成果

 金融刑法专题研究

金融诈骗犯罪研究

刘宪权　著

上海人民出版社

总

序

　　金融是国家的经济命脉，是社会经济的核心。金融服务是人们社会生活的基本需求之一，储蓄、贷款、支付、股票、保险等金融服务已渗透到我们生活的各个方面，并发挥着重要的作用，给人们的社会生活与财富分配带来了重大影响。金融业不仅是物质财富的集散地，也是各类风险的聚集地，金融对经济和社会的发展有着巨大的影响，其本身的高风险性决定了金融犯罪危害的严重性。金融业作为信贷收支、外汇收支、现金收支、支付的结算中心和分配渠道，与其他相关金融机关及工商企业联系紧密，从而使得金融风险区别于一般商业活动的局部风险而成为一种系统风险。金融安全与稳定是国家社会安定的重要因素，我们有必要研究金融犯罪的现状以及发展趋势，探寻有效的应对策略以严厉打击金融犯罪，防范金融风险，确保金融安全，维护金融秩序。

　　当下，我们已经进入了新经济时代与新技术时代，这个时代体现出网络化、高技术化和全球化的特征。在这样的时代背景下，金融领域也不断出现创新，金融细分下的新市场、新的金融产品、新的金融工具和新的交易方式不断出现。与此同时，新的金融犯罪手段与犯罪类型也不断出现，且呈现出高发态势。例如，利用网络支付平台、网络借贷平台、第三方支付平台等实施的金融诈骗、非法集资类犯罪；滥用人工智能技术在证券期货市场中实施的操纵类犯罪；新三板市场、私募基金等新的金融市场领域发生的欺诈、操纵类犯罪；等等。由于针对创新金融的监管存在一定的滞后性，一些新型的金融犯罪活动常游走于法律与制度的边缘，形成"灰色地带"，对国家的金融管理与金融安全提出挑战，对刑事法律的适用也产生了一定的冲击。金融刑法的研究应当紧跟前沿形势，以当下的经济背景与金融环境为基础，对于新型金融犯罪给予足够的关注，有针对性地构建金融犯罪防范体系，探究新型金融犯罪的防范措施，以降低金融风险，维护金融发展秩序，进而保护国家经济有序发展。

本人一直致力于金融犯罪的研究，至今已有二十余载。早在 1998 年就出版了《金融风险防范与犯罪惩治》一书，这是1997 年《刑法》实施以来我国第一部金融犯罪专著。其后，于 2002 年出版了《金融犯罪理论专题研究》，2005 年出版了《证券期货犯罪理论与实务》，2008 年出版了《金融犯罪刑法理论与实践》(现修订更名为《金融犯罪刑法学原理》)，2012年以来本人还主编了"金融犯罪研究丛书"，该丛书以专题的形式对金融犯罪中的信用卡犯罪、证券期货犯罪、存贷犯罪、集资犯罪等犯罪中的重点、难点问题进行了深入的分析与研讨。本次"金融刑法专题研究丛书"也将以专题的形式予以展现，但其特点在于研究的时代性与前沿性。新时代下，技术创新激发了金融创新，也激活了金融市场，金融业蓬勃发展，新的金融工具与新的交易方式层出不穷，使得金融犯罪也发生了较大的变化。本丛书的策划与写作旨在对新型金融工具与金融市场发展所引发的一系列新型的金融犯罪模式在法律适用上存在的困惑与难题进行研究与探讨，推动金融刑法发展的与时俱进，以期能够对新时代下金融犯罪司法实践有所裨益。

刘宪权

2020 年 6 月于华政东风楼

目　录

第一章

金融诈骗罪的立法现状与司法困境

第一节　金融诈骗罪的立法趋向及评析

金融对于国家的资源配置、经济运行、风险防范、福利分配、产业发展等方面皆有不言而喻的重要作用。金融犯罪刑事立法旨在通过惩治金融业务领域中违反金融管理法律法规，严重破坏国家金融管理制度的行为，保护国家金融安全，促进金融行业健康发展。应当看到，在《刑法修正案（十一）》公布以前，大多数刑法修正案就有涉及金融犯罪的内容（前10个刑法修正案中有7个涉及金融犯罪）。可见，随着金融领域的不断发展，围绕着金融犯罪内容的我国刑事立法活动更为频繁。近年来，我国金融犯罪数量上升，并且展现出新的特点，金融犯罪手段呈现多样化、专业化、网络化的发展趋势，诸如

"e租宝""快鹿""泛亚"等案件引起了极高的社会关注。面对金融犯罪的新特点和新趋势，《刑法修正案（十一）》再次对金融犯罪及相关犯罪进行了调整。作为金融犯罪中较为常见的犯罪类型，金融诈骗罪在《刑法修正案（十一）》中也得到了部分修正。

整体上看，在《刑法修正案（十一）》修改的八个金融犯罪及相关罪名中，提高了五个罪名的法定刑。这足以说明重刑化仍然是我国金融犯罪的最新刑事立法的基本趋势，而事实上，我国金融犯罪刑事立法一直处于重刑化的轨道之中。虽然以往的金融犯罪刑事立法也出现过轻刑化的表现，例如，《刑法修正案（八）》和《刑法修正案（九）》废除了票据诈骗罪、金融凭证诈骗罪、信用证诈骗罪和伪造货币罪的死刑，但是这些轻刑化的表现主要是为了顺应减少死刑的整体刑事政策而作出的无奈且极为个别的反应。在重刑化的立法趋势下，立法者在对金融诈骗罪进行修订时，也从法定刑、罚金刑两个角度加重了对金融诈骗行为的规制。

一、金融诈骗罪法定刑的趋重化

（一）金融诈骗罪法定刑的调整

在《刑法修正案（十一）》中，立法者主要对金融诈骗罪中集资诈骗罪的法定刑进行了调整。具体而言，立法者提高了《刑法》第192条集资诈骗罪的法定最低刑。集资诈骗罪原来有三档法定刑，法定最低刑为拘役。《刑法修正案（十一）》将该罪的法定最低刑提高至三年有期徒刑，同时将原来第二档法定刑的最低刑由五年有期徒刑提高至七年有期徒刑，并且将原来三档法定刑调整为两档法定刑，即"数额较大的，处三年以上七年以下有期徒刑""数额巨大或者有其他严重情节的，处七年以上有期徒刑或者无期徒刑"。值得一提的是，《刑法修正案（十一）》还提高了单位犯集资诈骗罪的法定刑，规定对直接负责的主管人员和其他直接责任人员依照自然人犯罪的法定刑规定进行处罚。也即将原来单位犯集资诈骗罪的三档法定刑改为二档，将原法定最低刑由拘役提高至三年有期徒刑，同时也将原来第二档的法定最低刑由五年有期徒刑提高至七年有期徒刑。

（二）金融诈骗罪法定刑调整的评析

基于前述，《刑法修正案（十一）》提高了集资诈骗罪的法定刑，此举体现了立法者所秉持的从严打击非法集资类犯罪的刑事政策。笔者认为，提高集资诈骗罪法定刑的做法并不可取，理由主要有以下几点：

其一，提高集资诈骗罪的法定刑将影响法定刑设置体系的协调度。《刑法修正案（十一）》将集资诈骗罪的三档法定刑修改为两档法定刑，则是由于其将原"五年以下有期徒刑或者拘役"的法定最低刑提高至"三年以上七年以下有期徒刑"。

因为提高了第一档法定最低刑，就使第二档法定刑只能设置为"七年以上十年以下有期徒刑"。现行刑法中只有对有影响力的人行贿罪中有相似的立法例，而十年有期徒刑是对有影响力的人行贿罪的法定最高刑，如此设置尚为合理。但是，对于集资诈骗罪而言，十年有期徒刑不是法定最高刑，如果仍然保持三档法定刑的设置，即将第二档法定刑设置为"七年以上十年以下有期徒刑"，似乎不符合我国刑事立法惯例。由此，《刑法修正案（十一）》只能将集资诈骗罪第二、三档法定刑合并规定为"七年以上有期徒刑或者无期徒刑"，以满足提高该罪法定最低刑的要求。如此分析，我们不难发现，《刑法修正案（十一）》有关非法集资类犯罪的法定刑设置和其他犯罪法定刑设置相比存在一些不协调之处。首先，集资诈骗罪的法定刑设置和其他金融诈骗罪的法定刑设置不协调。其他金融诈骗罪均设有三档法定刑，而且法定最低刑均没有得到提高，《刑法修正案（十一）》仅改变集资诈骗罪的法定刑设置显然影响了金融诈骗罪法定刑设置的体系协调。其次，集资诈骗罪与合同诈骗罪的法定刑设置不协调。一般认为，集资诈骗罪与合同诈骗罪是法条竞合关系。合同诈骗罪有三档法定刑，将集资诈骗罪从三档法定刑修改为两档法定刑并不合理。最后，集资诈骗罪与非法吸收公众存款罪法定刑的修改方向不协调。根据《刑法修正案（十一）》的规定，同为非法集资类犯罪，集资诈骗罪减少了一档法定刑，而非法吸收公众存款罪增加了一档法定刑，这种反向修改似乎也会影响非法集资类犯罪法定刑设置的协调性。据此而言，《刑法修正案（十一）》对集资诈骗罪法定刑的修改可能实际起到了"牵一发"而"动全身"的效果，从而较大程度影响了相关犯罪法定刑设置的体系协调性，似乎并不可取。

其二，提高集资诈骗罪的法定刑有悖于保护企业产权的基本精神。需要指出的是，《刑法修正案（十一）》中还有不少内容旨在落实保护企业产权的基本精神，具体包括：提高和调整职务侵占罪、非国家工作人员受贿罪、挪用资金罪的刑罚配置；规定挪用资金在被提起公诉前退还的，可以从轻或减轻处罚；修改侵犯商业秘密罪的入罪门槛并进一步提高刑罚；增加商业间谍犯罪的规定等。可见，落实保护企业产权的基本精神是《刑法修正案（十一）》重要的修改方向和内容。但是，提高集资诈骗罪等非法集资类犯罪的法定刑明显不利于保障企业发展。在司法实践中，不少非法集资类犯罪的主体正是企业和企业家。在现行刑法规定下，非法集资行为在违法与犯罪之间实际上没有预留的缓冲空间。换言之，企业或企业家一旦在集资过程中出现违法行为，往往就可能构成非法集资类犯罪。这对于企业特别是民营企业的发展而言，无疑是致命打击。因此，出于保护企业产权的考虑，刑法对于非法集资类犯罪的修改应当着重于提高非法集资类犯罪的入罪门槛，而绝非提高非法集资类犯罪的法定刑。由此可见，《刑法修正案（十一）》对集资诈骗罪的修正内容存在自身的矛盾或不合理之处。

（三）金融诈骗罪法定刑调整后的刑法适用

应当看到的是，《刑法修正案（十一）》对于集资诈骗罪法定刑的调整较为特殊，采用了压缩量刑档次的方式，形式上取消了原来第三档"数额特别巨大或者有其他特别严重情节"的加重情节，且在保持该罪法定最高刑不变的同时，提高了第一档（基本刑）的法定最低刑和最高刑。这种法定刑的调整方式可能会在司法实践中出现法律选择适用上的困惑。

例如，行为人在《刑法修正案（十一）》生效之前犯集资诈骗罪，且属于第三档数额特别巨大或者有其他严重情节的，根据修订前的刑法规定，应当适用十年以上有期徒刑或者无期徒刑。如果该行为人具备相关的法定减轻情节，《刑法修正案（十一）》生效前的一审判决对行为人判处八年有期徒刑。行为人不服一审判决上诉，而上诉时《刑法修正案（十一）》生效。根据《刑法修正案（十一）》的规定，现在集资诈骗罪只有两档法定刑，对行为人只能适用第二档法定刑，即七年以上有期徒刑或者无期徒刑。那么，在《刑法修正案（十一）》生效后所作的二审判决，对该行为人能否进行改判？依据从旧兼从轻的溯及力原则，有人提出新旧刑法规定在最高刑相同但最低刑不一致的情形下，应该适用这一档法定最低刑较轻的《刑法修正案（十一）》规定，再加上一审判决确定的对该行为人适用法定减轻处罚的情节，二审应当对一审判决进行改判，即对行为人判处七年以下有期徒刑。分析上述观点，我们不难发现，如果我们简单地比较集资诈骗罪原《刑法》第三档与经修正后

《刑法》第二档的量刑幅度，似乎可以认为这一观点有其合理性。但是，笔者认为，上述观点其实是对最新刑事立法有关集资诈骗罪法定刑调整内容的误读，是不合理的。事实上，《刑法修正案（十一）》对集资诈骗罪法定刑量刑档次的调整显然意在通过提高该罪的法定刑，加重对该罪的惩处力度。无论是"数额较大"的第一档基本刑，还是"数额巨大或者有其他严重情节"的第二档加重刑，其最低刑与最高刑都分别被提高了。换言之，《刑法修正案（十一）》其实并没有取消原《刑法》规定第三档"数额特别巨大或者有其他特别严重情节"的法定刑，而是将该档法定刑并入了调整后的第二档"数额巨大或者有其他严重情节"的法定刑之中。上述观点的错误在于，其认为集资诈骗罪的法定刑在调整后取消了"数额特别巨大或者有其他特别严重情节"的法定刑，并认为《刑法修正案（十一）》降低了对该罪的惩治力度，从而得出二审可以依据"从旧兼从轻"原则对行为人适用调整后的规定对一审判决作出改判。可见，上述观点似乎与立法原意矛盾，导致逻辑不能自洽。

　　在笔者看来，《刑法修正案（十一）》之所以压缩了集资诈骗罪的量刑档次，是因为将第一档基本刑由"五年以下有期徒刑或者拘役"提高至"三年以上七年以下有期徒刑"后，如果仍要维持该罪三档的量刑档次，第二档加重刑的量刑幅度只能设置为"七年以上十年以下有期徒刑"。然而，在我国的刑法条文中，法定刑设置从未出现过类似刑期幅度的立法例。因此，立法者最终将集资诈骗罪第二档与第三档法定刑进行合并，可以说也是不得已而为之的无奈之举。值得一提的是，《刑法修正案（十一）》对于集资诈骗罪的这一法定刑调整的方式也受到了相当一部分学者的诟病，笔者也曾发文主张修订后的集资诈骗罪的法定刑设置同其他金融诈骗罪以及非法吸收公众存款罪法定刑的设置不协调。[1] 同样，也有学者认为修订后的集资诈骗罪规定压缩了对数额较大等行为的量刑空间，应当保持原来的三档法定刑幅度。[2]

综上所述，经过《刑法修正案（十一）》的调整，原集资诈骗罪中"数额特别巨大或者有其他特别严重情节"的量刑幅度并未被取消，而是被合并至调整后该罪"数额巨大或者有其他严重情节"的第二档量刑幅度之中，即调整后第二档法定刑在将原法定最低刑"五年"提高至"七年"的前提下，还将量刑幅度扩大包含了原"数额特别巨大或者有其他特别严重情节，处十年以上有期徒刑或者无期徒刑，并处罚金或者没收财产"的法定刑。据此，在上述笔者所举的案例中，根据原刑法有关集资诈骗罪的规定，行为人应当被判处十年以上有期徒刑或者无期徒刑；而根据《刑法修正案（十一）》的规定，行为人仍然应当被判处十年以上有期徒刑或者无期徒刑。比较法定刑的轻重，应该先比较原《刑法》规定的第三档法定最高刑与现在《刑法》规定的第二档法定最高刑（均是无期徒刑），再比较原

---

1. 参见刘宪权：《金融犯罪最新刑事立法论评》，载《法学》2021年第1期。
2. 参见余剑：《对〈刑法修正案（十一）（草案）〉的修改建议》，https://mp.weixin.qq.com/s/FYbYGEa3mxGfoHyoCUQy_w，最后访问日期：2021年2月25日。

《刑法》规定的第二档法定最低刑（五年有期徒刑）与现在《刑法》规定的第二档法定最低刑（七年有期徒刑），原《刑法》规定明显轻于现在《刑法》规定。依照从旧兼从轻的原则，二审对行为人仍然应当适用原《刑法》规定，在其他情节不变的情况下，维持一审判决。

二、金融诈骗罪罚金刑的无限额化

（一）金融诈骗罪罚金刑的无限额化

《刑法修正案（十一）》对不少金融犯罪及相关犯罪的罚金刑规定作出了修改，将许多原刑法条文规定的限额罚金刑（亦称普通罚金刑）、倍比罚金刑和百分比罚金刑修改为无限额罚金刑，以此加强对特定罪名的规制，相关修改涉及集资诈骗罪等四个罪名。限额罚金刑、倍比罚金刑和百分比罚金刑可以通过限额、倍比和百分比控制罚金的上、下限。无限额罚金刑的优势在于可以使罚金刑规定在经济发展的变化中始终合理，但也将导致罚金刑没有上限。因而，在《刑法修正案（十一）》颁布以前，采用无限额罚金刑的金融犯罪及相关犯罪并不多见，通常是较为严重的犯罪，如操纵证券、期货市场罪。《刑法修正案（十一）》对金融犯罪及相关犯罪罚金刑的修改在很大程度上表明了我国刑事立法较为鲜明的总体发展趋势：我国刑法对金融犯罪及相关犯罪的法定刑规定已经开始进一步加强对罚金刑的关注，同时也通过对无限额罚金刑的扩大规定（即将限额罚金刑、倍比罚金刑和百分比罚金刑修改为无限额罚金刑），逐步加大对金融犯罪及相关犯罪财产方面的惩治力度。

（二）金融诈骗罪罚金刑无限额化的评析

笔者认为，禁止绝对不定期自由刑是罪刑法定的基本要求和应有之义，罚金数额之于罚金刑犹如刑期之于自由刑。就此而言，无限额罚金刑本质上与绝对不定期自由刑无异，均与刑事立法明确性原则的要求相悖。应当承认，罚金刑的设置可以最大限度地削弱实施金融犯罪的单位和个人再犯罪的能力，并弥补因金融犯罪所造成的损失。[1] 而无限额罚金刑的优势在于能够让司法机关根据案情和实际情况自由裁量罚金的数额大小，并且使罚金刑的规定不受经济发展状况的影响。但是，方便适用从来不是立法前提。无限额罚金刑的缺陷显而易见，过于笼统、模糊的规定必将导致司法自由裁量权不受限制，司法实践中完全可能存在滥用无限额罚金刑规定的隐患。与此同时，设置无限额罚金刑很容易使类似案件的罚金刑判处在不同地方存在差异，即出现"类案不类判"的现象，这些都明显违背司法的公平与正义。在通常情况下，为了防止司法自由裁量权的滥用以及司法适用的不统一，我国最高司法机关会专门针

---

1. 参见刘宪权：《金融犯罪刑法学原理》（第二版），上海人民出版社 2020 年版，第 146 页。

对刑法中较为笼统、模糊的规定作出司法解释。然而，在我国现行的司法解释体系中，无论是专门针对财产刑规定的司法解释（2000 年 11 月 15 日最高人民法院《关于适用财产刑若干问题的规定》），抑或是针对个罪罚金刑适用的司法解释，均鲜有对无限额罚金刑适用作出的限制性规定。由此可知，无限额罚金刑的规定已然成为司法适用中滥用罚金刑的"高危地带"。近年来，刑法修正案越来越"偏爱"无限额罚金刑，无限额罚金刑实际已成为金融犯罪刑事立法重刑化的工具。如果这样的趋势愈演愈烈，最终将导致罚金刑的规定成为影响罪刑法定原则实现的"地雷"。因此，笔者认为，《刑法修正案（十一）》中关于集资诈骗罪罚金刑无限额化的修改存在明显的不合理性，似乎不应成为今后刑事立法的趋势性做法。

无限额罚金刑的规定违背了罪刑法定原则的明确性要求，而《刑法修正案（十一）》却扩大了金融犯罪及相关犯罪中无限额罚金刑的覆盖范围。笔者认为，在刑法确立罪刑法定原则的今天，这一做法实际上并不可取，应当及时调整金融犯罪及相关犯罪的罚金刑规定，即将无限额罚金刑修改为倍比罚金刑。

首先，在罚金刑的选择上，倍比罚金刑更适合金融犯罪及相关犯罪。就可行性而言，金融犯罪及相关犯罪属于典型的贪利型犯罪，贪利型犯罪与倍比罚金刑之间具有天然的适配性，这是因为刑罚应当能够剥夺犯罪所能获得的利益，而倍比罚金刑能够精准打击、惩戒贪利型犯罪。与此同时，贪利型犯罪的认定中有较为明确的犯罪数额，能够为倍比罚金刑的适用提供参考。相比之下，侵犯人身权利的犯罪中可能并不存在财产类的犯罪数额，因而无法适用倍比罚金刑。就实际效果而言，倍比罚金刑能够根据犯罪的具体情节来适用罚金刑，从而实现罪刑相适应的刑法基本原则。不仅如此，倍比罚金刑的合理性还不容易受到经济社会发展变化的影响，能够使罚金刑规定保持较长时间的稳定性。

其次，倍比罚金刑的参照系应当根据具体罪名进行确定。理论上，金融犯罪及相关犯罪倍比罚金刑的参照系可以选择违法所得、造成的损失或行为直接涉及的数额（如票面数额、操纵的交易量、诈骗数额、非法募集金额等）。实际上，参照系的选择不应当一概而论，而应当根据具体罪名的特征进行确定。以欺诈发行股票、债券罪和违规披露、不披露重要信息罪的对比为例，欺诈发行行为的犯罪对象是非法募集资金，因而对欺诈发行股票、债券罪可以以非法募集资金金额作为倍比罚金刑设置的参考系。但是，违规披露、不披露重要信息行为的犯罪对象不是财物，而是重要信息，因而违规披露、不披露重要信息罪无法选择和欺诈发行股票、债券罪一样的倍比罚金刑参考系。这也导致在《刑法修正案（十一）》颁布以前，欺诈发行股票、债券罪倍比罚金刑的参照系是非法募集资金金额，而违规披露、不披露重要信息罪的罚金刑则没有采用倍比罚金刑，其采用的是限额罚金刑。笔者认为，《刑法修正案（十一）》颁布以前，欺诈发行股票、债券罪倍比罚金刑参照系的选择是合理的,而违规披露、不披露重要信息罪完全可以以造成的损失金额作为倍比罚金刑的参照系。

最后,倍比罚金刑的倍数比例应当根据法定自由刑幅度的大小进行确定。正如自由刑的严苛程度由法定刑期决定,罚金刑的严苛程度由倍比罚金刑的倍数比例决定。据此而言,在同一个罪名中,倍比罚金刑的倍数比例应当参考法定自由刑幅度的大小进行确定。在刑法修订的过程中,如果提高某一犯罪的法定自由刑,则需要同时提高该罪罚金刑规定中倍比罚金刑的上限比例;如果降低某一犯罪的法定自由刑,也需要同时降低该罪罚金刑规定中倍比罚金刑的下限比例(一倍除外)。同时,笔者认为,在设置倍比罚金刑的倍数比例时可以参考前置法的有关规定,避免出现刑法与前置法之间的矛盾与冲突。

第二节 金融诈骗罪的刑法分类及完善

一、金融诈骗罪刑法分类的立法现状与理论争议

我国现行《刑法》规定了四百余种犯罪,同时《刑法》分则对各种各样的犯罪进行了具体的分类。《刑法》分则中不同章节规定的各种犯罪,是以犯罪侵犯客体的不同作为分类依据的,并以犯罪对社会的危害程度作为排列顺序的主要依据。

《刑法》分则设置的体系，把纷繁复杂的各种罪名规划成一个井然有序的整体，这对于认识同一类犯罪所侵犯的社会关系，从而认清某一类犯罪的共性以及深入掌握各类犯罪之间的差异，有着相当重要的作用。《刑法》分则根据具体犯罪侵犯的不同客体，把各种各样的犯罪分为十类，即分则的十章犯罪。每一类犯罪侵犯的同类客体反映了这一类犯罪所侵害的社会关系的共性。由于犯罪客体是每一类犯罪的必要要件，其性质和范围是确定的，因此它可以成为犯罪分类的基础。同类客体揭示出同一类犯罪在客体方面的共同本质，并在相当程度上反映出各类犯罪不同的危害程度。依据同类客体，对犯罪作科学的分类，建立严格的、科学的罪名体系，把多种多样的犯罪从性质和危害程度上互相区别开来，便利我们了解、研究犯罪并掌握各类犯罪的基本特点。根据犯罪的同类客体对犯罪进行分类，有利于把握各类犯罪的性质、特征和社会危害程度，便于司法机关正确定罪量刑。由于《刑法》分则第三章"破坏社会主义市场经济秩序罪"和第六章"妨害社会管理秩序罪"中所包含的犯罪种类繁多且条文庞杂，因此现行《刑法》在立法时分别采用在章下再分节的方法进行设置，但是第三章各节犯罪的同类客体仍然是社会主义市场经济秩序，第六章各节犯罪的同类客体也仍然是社会管理秩序。当然，分则中在这两章下的分节设置实际上也是以犯罪行为所侵犯的同类客体的不同作为分类依据的，即在同类客体之外还有一个"次层次"的同类客体，如分则第三章第四节"破坏金融管理秩序罪"，其"次层次"的同类客体即为金融管理秩序。可以说，刑法是以每一节中的犯罪所侵犯社会关系的相同或相近性为依据进行归类的。这里需要讨论的是，我国《刑法》分则第三章"破坏社会主义市场经济秩序罪"所设的八节犯罪，并不完全是按照"次层次"的同类客体进行分类的。第四节"破坏金融管理秩序罪"与第五节"金融诈骗罪"，其"次层次"的同类客体为金融管理秩序，即理论上一般认为第四节与第五节侵犯的"次层次"的同类客体是相同的，如果按"次层次"的同类客体分类，第五节应该包括在第四节之中。但从相关背景角度分析，随着社会主义市场经济体制的建立和完善以及我国金融业的发展，人们日益感到仅仅依靠传统的诈骗罪相关规定很难有效打击金融领域各种形式的诈骗犯罪，因此有必要在刑法中专门设立涉及金融领域的诈骗罪。

于是，我国现行《刑法》顺应刑法理论和司法实践的要求，将包括集资诈骗罪、贷款诈骗罪、票据诈骗罪等在内的八种金融诈骗犯罪从财产罪中的一般诈骗罪中分离出来独立设罪，并单独设立"金融诈骗罪"一节将这八种诈骗罪归入其中。由于金融诈骗罪中所包括的八种具体犯罪行为的手段都具有"虚构事实、隐瞒真相"即诈骗的共同特征，因此第五节"金融诈骗罪"不是按犯罪客体划分的，而是按犯罪手段划分的。更由于传统刑法理论一直认为犯罪的同类客体是《刑法》分则犯罪分类的基本依据，"金融诈骗罪"的设立显然与传统理论相悖。特别是在《刑法》分则第三章第四节已经设立了

"破坏金融管理秩序罪"之后，立法者还将金融诈骗罪另外设节，无疑是对传统刑法理论的重大突破，并从根本上颠覆了刑法基本理论的分类标准，引起学者的争论并不奇怪。纵观有关金融诈骗罪是否应该在《刑法》分则中独立设节的争议，理论上主要有以下两种观点。

其一为"否定说"，即认为《刑法》将金融诈骗罪独立设节是没有必要的。有学者认为，从体例上说，"金融诈骗罪"一节是以犯罪手段即诈骗为特征而归为一类的犯罪，而其他章节的犯罪都是以侵犯的客体为特征分类的，因而在体例上不够协调。[1] 也有学者认为，"金融诈骗罪"一节的设置在刑法理论与刑事司法实践的适应性方面、在刑事立法的价值取向与刑法历史发展趋势的趋同性方面、在刑事立法形式与刑法基本原则的一致性方面等存在商榷的余地。[2]

其二为"肯定说"，即认为《刑法》将金融诈骗罪独立设节很有必要。持此观点者的主要理由有以下几点：首先，时下金融诈骗活动猖獗，犯罪数额巨大，危害十分严重，为了突出打击金融诈骗犯罪，维护金融交易秩序的稳定，有必要将金融诈骗犯罪单独设节进行专门规定。其次，在金融犯罪中，金融诈骗犯罪在手段上具有相似之处，即都是采取诈骗的方式进行犯罪，而这一行为方式明显区别于其他金融犯罪，因此有必要

---

1. 参见陈兴良：《刑法疏议》，中国人民公安大学出版社1997年版，第334页。
2. 参见冯殿美、郭毅：《金融诈骗罪研究》，载赵秉志主编：《新千年刑法热点问题研究与适用》（下），中国检察出版社2001年版，第1026页。

对此作专门规定，以有利于司法实践中的认定。最后，将金融诈骗罪独立设节是为了更加明确地区分金融领域的诈骗犯罪与普通诈骗的界限，从而更具体地体现罪刑法定原则所包含的刑法条文明确化的要求。

综合分析上述有关金融诈骗罪独立设节是否合理的理论分歧意见不难发现，在金融诈骗罪独立设节是对传统刑法理论的突破这一点上，并无太大的异议。理论上争议的焦点主要在这种突破是否合理且有无必要的问题上。

二、金融诈骗罪刑法分类的应然路径

笔者认为，从立法上分析，我国现行《刑法》将金融犯罪分设为"破坏金融管理秩序罪"和"金融诈骗罪"并不妥当。金融诈骗罪独立设节的主要原因无非：随着社会主义市场经济体制的建立和完善以及我国金融业的发展，人们日益感到仅仅依靠传统的诈骗罪规定很难有效地打击金融领域各种形式的诈骗犯罪。将金融诈骗罪独立设节可以根据专项金融活动中诈骗犯罪的不同分别设置罪名，以区别财产罪中普通诈骗罪和金融诈骗罪，从而为更具体地体现罪责刑相适应原则打下基础。但是，将金融诈骗罪独立设节在诸多方面明显存在不协调的问题。事实上，这一做法既缺乏理论依据，也无实际意义。其理由有四点。

　　首先，将金融诈骗罪独立设节与现行《刑法》的体例结构不协调。从《刑法》分则体例上分析，我国刑法历来强调犯罪客体是分类的依据，但是"金融诈骗罪"一节明显是以诈骗手段作为归类的依据，在很大程度上与《刑法》分则其他章节犯罪的分类依据不一致。有人认为，金融诈骗罪与其他破坏金融管理秩序罪的显著区别在于，它只是采用诈骗的行为方式，而其他破坏金融管理秩序罪则可以有多种方式。依笔者之见，金融诈骗罪中的"诈骗"行为方式实际上属于破坏金融管理秩序罪中"多种"行为方式之一。那么，在具有多种行为方式的破坏金融管理秩序罪中，为何就不能包容"诈骗"这种行为方式？事实上，在《刑法》所规定的犯罪中，行为方式和行为方式之间虽然可能反映社会危害性大小的不同，但是其本身却不可能存在所谓"不平等"的特质。因金融诈骗罪独立设节而产生的与传统刑法归类标准的不一致，显然会导致《刑法》分则在立法体例结构上的前后矛盾或显得不协调，从而多少反映出我国在刑事立法技术上确实存在稚嫩的一面。另外，这种立法体例上的前后矛盾或不协调不仅在客观上造成了刑事立法标准不统一的问题，而且结构上的变化通常还会导致人们产生误解，即误认为金融犯罪中破坏金融管理秩序罪与金融诈骗罪所侵犯的犯罪客体各不相同，甚至还会使人们对我国刑法中犯罪分类的标准产生怀疑。

　　时下，有人认为，《刑法》将金融诈骗罪独立设节并不有悖于传统刑法按犯罪客体分类的标准，因为金融诈骗在实践中往往发生在金融交易中，即这种行为还可能造成对金融交易秩序的破坏。[1]破坏金融交易秩序的行为必定构成金融诈骗类犯罪，而对金融管理秩序的犯罪未必都构成对金融交易秩序的破坏，因为有些犯罪并不以进入金融市场为条件。当然，在某种程度上，交易秩序被打乱，往往也会涉及管理秩序的破坏。所以，金融管理秩序可以说也是金融诈骗犯罪的直接客体。但是，这里的管理秩序显然没有像破坏金融管理秩序罪中的管理秩序那样被直接地侵犯。破坏金融管理秩序罪所侵害的客体是金融管理秩序，这种秩序体现了国家对金融行业的直接管理，其行为直接违反了有关金融行业的管理规定，而金融诈骗罪所侵害的客体，所涉及的并不是对国家金融行业直接管理的侵害。因为金融诈骗行为的直接受害人是被欺骗的金融机构，犯罪行为直接挑战的是金融机构本身，金融机构在业务运作中往往有一套监管体系，所以如果这类行为侵害到国家及其有关主管部门制定的相关金融管理制度，这样的侵害也只不过是在逃脱金融监管的同时产生的一种间接性侵害，这点和破坏金融管理秩序罪中直接针对国家金融管理制度的犯罪行为是有区别的。[2]相对交易秩序而言，管理秩序在整体上只能作为次要客体。犯罪行为的分类是以主要客体作为同类客体进行的。所

---

1. 参见赵秉志：《论金融诈骗罪的概念和构成特征》，载《国家检察官学院学报》2001 年第 1 期。

2. 参见吴玉梅：《中德金融诈骗罪比较研究——以犯罪分类标准和规范保护目的为视角》，载《法学杂志》2006 年第 3 期。

以，金融诈骗罪单独成为一节是可以理解和接受的，其犯罪客体是具有自身独立品格的同类客体，即金融领域的交易秩序。这一客体区别于金融领域的其他犯罪，也区别于非金融领域以诈骗为手段的财产犯罪。

笔者认为，上述观点可能主要是出于对现行《刑法》将金融诈骗罪独立设节的一种"自圆其说"的考虑，因而从理论上分析多少有点牵强。该观点的突出问题在于偷换了一个概念，即将"秩序"和"管理"割裂开来，从而得出金融交易秩序不同于金融管理秩序的结论。事实上，"秩序"本身是离不开"管理"的，即没有管理也就没有秩序，金融活动中不可能存在没有管理的交易秩序，包括金融交易秩序在内的任何金融秩序都是国家管理和参与之下的有序化。因此，金融交易秩序实际上应该理解为金融交易管理秩序。刑法理论一般认为，金融管理秩序与金融交易管理秩序并不是同一层面的概念，金融管理秩序无论在范围还是在内容上均要大于金融交易管理秩序，两者的关系不是并列关系，而应该是包容关系。当然，从某种角度分析，金融交易管理秩序无疑是金融管理秩序的本质和核心，国家对金融秩序的管理主要是对金融交易秩序的管理。如果行为侵害了金融交易秩序，就必然会同时侵害金融管理秩序。依笔者之见，金融诈骗犯罪行为可能主要侵犯了金融交易管理秩序，因此必然同时侵犯了金融管理秩序。应该承认，刑法对许多破坏金融管理秩序犯罪往往只限于在金融市场准入阶段进行规制，由于这些犯罪行为尚未进入金融交易阶段，客观上也就不存在对金融交易管理秩序的侵犯问题。这也就是我们通常所说的，金融犯罪行为对金融管理秩序的侵犯并不一定会对金融交易管理秩序造成破坏。但是，我们绝对不应以此否定或怀疑"对金融交易管理秩序的侵犯就必然会对金融管理秩序造成破坏"这一命题的正确性。其实，在《刑法》分则"破坏金融管理秩序罪"一节中有不少金融犯罪行为侵犯的也是金融交易管理秩序，如内幕交易、泄露内幕信息罪，利用未公开信息交易罪，编造并传播证券、期货虚假信息罪，诱骗投资者买卖证券、期货合约罪，操纵证券、期货市场罪等金融犯罪行为主要是对金融交易管理秩序的侵犯。由此可见，我国现行《刑法》在立法时并没有将"管理"和"秩序"完全割裂开来，而是已经将金融交易管理秩序归入金融管理秩序之中，只是这一思路并没有得到贯彻。从这一角度分析，现行《刑法》将金融诈骗罪独立设节，很容易使人产生金融诈骗罪因主要侵犯金融交易管理秩序而没有破坏金融管理秩序的错觉，这显然与前述立法思路相违背。当然，这不可能是立法者的立法原意。

其次，将金融诈骗罪独立设节在立法和司法上均无必要。现行《刑法》设立"金融诈骗罪"一节主要是为了突出在构建社会主义市场经济过程中，国家重点打击金融诈骗犯罪以保护市场经济秩序的决心和姿态。这是因为，由于法制的不健全，在我国社会转制、经济转型的相关金融活动中出现了诸多金融诈骗案件。这些诈骗涉及数额往往巨大，严重破坏了市场经济公平竞争的规则，对许多被诈骗者的合法利益造成了严重损害，甚至导致有些企业大规模亏损或破产的后果出现。在司法实践中，对于这些金融领域的诈骗犯罪，如果仅以财产犯罪中的诈骗罪认定，无论在行为性质上还是在社会危害性上均不能很好地解决问题。在社会生活中，人们也日益感到仅仅依靠传统的诈骗罪规定很难有效地打击金融领域中各种形式的诈骗犯罪，因此有必要在《刑法》中专门设立金融类的诈骗罪。为此，1995年6月30日，全国人大常委会通过了《关于惩治破坏金融秩序犯罪的决定》，将集资诈骗罪、贷款诈骗罪、票据诈骗罪、信用证诈骗罪、信用卡诈骗罪和保险诈骗罪等规定为独立的犯罪。现行《刑法》采纳了上述决定的内容，并在上述六种金融诈骗罪的基础上，又增设了金融凭证诈骗罪和有价证券诈骗罪两种犯罪，同时专门将金融诈骗罪作为《刑法》分则第三章"破坏社会主义市场经济秩序罪"第五节所规定的一类罪名。就此而言，《刑法》独立设立"金融诈骗罪"一节还是为了强调打击力度，其立法原意明显是突出对保护国家金融管理秩序的重视，其立法倾向显然是根据金融领域中诈骗犯罪的特点分别设置罪名，以区别财产犯罪中的普通诈骗罪和金融诈骗罪，并偏重于对金融机构资金安全的保护。

从《刑法》独立设立"金融诈骗罪"一节的立法原意与立法倾向分析，金融诈骗罪是从诈骗罪中分离出来的一种特别犯罪，因而必然兼具金融犯罪和财产犯罪的双重属性，即金融诈骗犯罪侵犯的理应为复杂客体：一方面侵犯国家金融管理秩序，另一方面侵犯公私财产所有权。为此，有人担心，如果将金融诈骗罪归入破坏金融管理秩序罪中，将会导致人们对行为评价的侧重点发生转移，即可能导致实践中人们过于看重行为对金融秩序的破坏而忽视了对国家、集体、个人财产所有权的保护。但是，笔者认为，这种担心其实是多余的。刑法将金融诈骗罪从一般诈骗罪中分离出来，这本身就证明了刑法要突出对金融管理秩序的保护，即金融诈骗罪作为金融犯罪的组成部分，其侵犯的主要客体当然应该是金融管理秩序，而这又恰恰与《刑法》分则第三章第四节所规定的破坏金融管理秩序罪的客体吻合。强调以行为侵犯的主要客体作为分类依据，并非一定或可能忽视对次要客体的保护，这其实是两个层面的东西，不应混同。正如抢劫罪所侵犯的客体既包括人身权利，也包括财产权利，刑法将其归入财产犯罪之中，并不意味着刑法对人身权利的忽视。可见，我们若要强调金融诈骗罪对金融管理秩序的破坏这一特征，将其纳入破坏金融管理秩序罪中，不仅足以达到体现刑法对金融管理秩序突出保护的目的，而且也不会出现忽视对公私财产所有权的保护的情况，同时还不会产生与传统刑法分类依据标准相悖的问题。另外，我们也完全没有必要担心，将金融诈骗罪纳入破坏金融管理秩序罪，会影响到对金融诈骗罪的打击力度。因为遏制金融诈骗犯罪需要从整个金融市场入手，金融诈骗犯罪和其他破坏金融管理秩序的犯罪都存在于金融市场的运作过程之中，它们的产生和发展环环相扣、密不可分，只要遏制住其中一个环节，其他环节就无法进行，相应的犯罪也就无从产生。就此而言，将金融诈骗罪纳入破坏金融管理秩序罪，更有利于实现打击金融诈骗犯罪的目的。

需要指出的是，时下有人提出，既然金融诈骗犯罪既侵犯财产所有权，又侵犯金融管理秩序，为何不将其放入普通诈骗罪中以体现立法的统一性？笔者认为，此论点实际上是主张恢复原《刑法》的规定模式，这涉及金融诈骗罪从一般诈骗罪中脱离出来的必要性和理论依据问题。正如前述，在具体金融犯罪中，由于金融诈骗行为对金融秩序的冲击往往大于对具体财产的损害，即如果金融秩序紊乱，金融体系失灵，必将导致对整个国民经济的损害，因此如果从行为侵犯的主要客体是《刑法》分则各类犯罪分类的依据这一正确命题角度分析，回答上述问题理应不是一件难事。可见，从金融诈骗罪所侵犯的主要客体分析，我们完全可以将"金融诈骗罪"一节规定的犯罪归入"破坏金融管理秩序罪"一节之中。

再次，将金融诈骗罪独立设节暴露出立法思路的不一致。正如前述，《刑法》分则中的分类均是以犯罪的同类客体不同作为分类依据的，没有也不应该以犯罪手段作为分类的标准。现行《刑法》虽然对此作了突破，但是这种突破显然并不彻底。依笔者之见，如果立法者在对金融诈骗罪独立设节时是按照犯罪手段进行划分的，那么就应该将这种立法思路贯彻到底，即按照有些国家和地区的刑法中将杀人、盗窃或诈骗犯罪独立归为一类犯罪的立法模式，将金融诈骗罪中的八种具体犯罪与合同诈骗罪以及诈骗罪归在一起，如此设置反而显得更为合适。但是，令人遗憾的是，现行《刑法》只是在金融犯罪中将金融诈骗罪分离出来并相对独立于破坏金融管理秩序罪，而将合同诈骗罪和诈骗罪仍然分别按其侵犯的主要客体归入第三章"破坏社会主义市场经济秩序罪"下的"扰乱市场秩序罪"和第五章"侵犯财产罪"中。这种立法方式突出反映了立法者的立法思路不一致的一面。

在理论上，有人认为，金融诈骗罪与破坏金融管理秩序罪的一个显著区别在于：金融诈骗罪是通过诈骗的方式直接占有他人的财产，而其他破坏金融管理秩序罪则并非必然有非法占有他人财物的目的，即使有此目的（如操纵证券、期货市场罪，内幕交易、泄露内幕信息罪，诱骗投资者买卖证券、期货合约罪），也都是通过间接的方式达成的。笔者不赞同此观点。正如前述，行为方式不同不能成为金融诈骗罪独立设节的理由，行为目的不同同样不能成为金融诈骗罪分类的依据。只要金融诈骗犯罪侵害的主要客体是金融管理秩序，就说明了金融诈骗犯罪具备破坏金融管理秩序罪的总体特征，将其归入破坏金融管理秩序罪就成为应然。至于金融诈骗罪与其他一些破坏金融管理秩序罪存在"直接占有"和"间接占有"的"占有方式"上的区别，不能成为把金融诈骗罪独立设节的原因。因为即使在破坏金融管理秩序罪中，诸多此罪与彼罪之间实际上也存在类似的区别，而这些区别仅仅只是区分破坏金融管理秩序罪中此罪与彼罪的依据，并非独立设节的理由。

最后，将金融诈骗罪独立设节也与当前国际上的刑事立法现状和发展趋势不相吻合。纵观当代各国和地区刑法规定不难发现，各国和地区均十分重视对金融犯罪的打击，包括大陆法系和英美法系在内的大多数国家和地区均在刑法典中直接或间接地规定了一些金融诈骗犯罪。其基本形式无非有三种：其一为在刑法中用专门的条文设置一些诸如贷款诈骗罪、信用证诈骗罪等具体的金融诈骗犯罪罪名，以强调金融诈骗犯罪不同于普通诈骗犯罪；其二为在刑法中只规定诈骗罪罪名，即一些国家和地区并未将具体的金融诈骗犯罪独立设罪，而是在普通诈骗罪中将具体金融诈骗犯罪的相关内容涵盖进去；其三为在各种金融法规的附属刑法规范中分散规定包括具体金融诈骗罪在内的金融犯罪。从这三种形式分析不难发现，世界各国和地区的刑法立法中尚未见到将金融诈骗罪独立归类的情况。笔者认为，尽管每个国家均有自己独特的情况存在，各国的立法方式并不要求一定完全相同，但是其他国家和地区有关金融犯罪的刑事立法由于已经积累了一定的经验，完全可以作为我们立法的参考。我国现行《刑法》将金融诈骗罪独立设节，尽管有诸多理由，但是比较世界各国和地区的刑事法律规定，我们绝对不能说这种立法形式可以代表或反映世界各国和地区刑事立法的趋势。

综上所述，金融犯罪中的金融诈骗罪是一类在市场经济条件下产生的新型犯罪，也是诈骗行为在金融领域所产生的新事物。将金融诈骗罪独立设节，无疑是对刑法有关犯罪分类理论的突破。这种突破在理论上和司法实践中尽管可能存在许多合理性和实用性，但是从根本上颠覆了刑法基本理论有关犯罪分类的标准，同时又无法将这一立法思路贯彻到底，因而在理论上受到学者的诘难和抨击是不可避免且容易理解的。从刑事立法理论完整性的角度分析，笔者认为，《刑法》分则各类犯罪分类标准的一致性是立法规范化的一个必然要求。在逻辑上，一个层面上的划分如果分类依据不同，完全有可能产生两种后果，即不是划分重叠，就是划分遗漏，而无论什么后果均明显反映出立法本身的矛盾。就此而言，现行《刑法》将金融诈骗罪独立设节无疑是立法中的一个败笔，既无理论上的合理性，也无实践中的必要性。从立法完善角度分析，我们完全可以将"金融诈骗罪"一节归入"破坏金融管理秩序罪"一节之中。

第三节　金融诈骗罪的司法困境及解决

一、金融诈骗罪的主观目的辨析

我国《刑法》中规定的"金融诈骗罪"一节（第192条至第200条），共规定了集资诈骗罪、贷款诈骗罪、票据诈骗罪、金融凭证诈骗罪、信用证诈骗罪、信用卡诈骗罪、有价证券诈骗罪和保险诈骗罪八个具体罪名。但是，只有第192条集资诈骗罪和第193条贷款诈骗罪分别规定了"以非法占有为目的"的构成要件，其余六个金融诈骗罪均没有类似的规定。这就使得刑法理论界和司法实践中对金融诈骗罪的主观目的认定问题产生了很大的分歧。刑法理论一般认为，所谓犯罪目的，是指行为人通过实施犯罪行为所希望达到某种结果的心理愿望。犯罪目的能够表明直接故意的内容，在直接故意犯罪中都有犯罪目的。由于刑法中犯罪目的不仅可以决定某些行为的性质，成为区分罪与非罪、此罪与彼罪的标准，而且还直接反映了行为人的主观恶性和社会危害性的程度，因而对于定罪量刑具有相当重要的意义。因为金融诈骗罪为直接故意犯罪，所以对其犯罪目的的认定就显得尤为重要。

二、金融诈骗罪主观构成要件分析

金融诈骗罪都是以非法占有目的为构成要件的犯罪，行为人主观上不具有非法占有目的，即使实施了《刑法》所规定的金融诈骗行为，也不能构成金融诈骗罪，这既是遵循立法原意的要求，也是对《刑法》进行科学、合理的文义、语法、体系解释所得出的必然结论。笔者主张，在认定金融诈骗罪时，除了考察行为人客观上是否具有金融欺诈行为，还必须考察行为人主观上是否具有非法占有的目的。

（一）法条竞合关系决定了非法占有目的是金融诈骗罪的必要要件

依笔者之见，金融诈骗罪以非法占有目的为构成要件是由诈骗罪和金融诈骗罪之间的内在关系所决定的。为了准确理解诈骗罪和金融诈骗罪的关系，有必要分析诈骗罪的立法方式。我国1979年《刑法》只规定了一种诈骗罪，这不能不说是受当时诈骗行为方式的单一性、立法者对诈骗行为的认识不足以及立法者坚持的"宁粗勿细"的立法指导思想等因素的影响。随着诈骗行为方式的多样化、复杂化，以及人们对诈骗行为方式认识的不断深入，现行《刑法》除了规定诈骗罪（第266条，也有人称之为普通诈骗罪），还规定了合同诈骗罪（第224条），并在《刑法》分则第三章"破坏社会主义市场经济秩序罪"中专节规定了八种金融诈骗罪。这种立法方式可称为"堵漏型立法"，即对于某种多发性且在行为方式上具有相对独立性的犯罪，立法者尽可能明确而详尽地列举其具体的犯罪构成，形成一个罪行系列，同时又规定该罪的一般犯罪构成，以涵盖那些已明确列举的具体犯罪构成之外的其他需要予以刑法规制的行为。由此，《刑法》第266条规定的诈骗罪和其他条文所规定的各种特殊形式的诈骗犯罪之间并非平行并列的关系，而是刑法理论上的普通法条和特别法条的竞合，两者具有明显的包容关系。而"诈骗"是这种包容关系存在的前提，因为无论是金融诈骗罪还是普通诈骗罪，都具有"诈骗"这一内在因素或特征。在我国有关法律中，"诈骗"和"欺诈"有着相当严格的区别：在民商法中，一般均使用"欺诈"一语，用以概括形形色色的虚构事实或隐瞒真相意图使他人产生错误认识的行为，不论他人是否因此产生错误认识，也不论行为人有无非法占有目的；在刑法中，则广泛使用"诈骗"一词，且均强调行为人须以非法占有为目的，以区别于民商法中的"欺诈"，即"诈骗犯罪的传统构成模式要求行为人具有非法占有目的这一主观构成要素"。[1] 包容型法条竞合的两个法条之间的特征之一就是一法条所规定的犯罪构成要件在整体上包含了另一法条所规定的构成要件，在任何情况下，能够为其中外延小的法条所评价的犯罪行为，从逻辑上必然能够为另一外延大的法条所评价。[2]

因此，在包容型法条竞合中，外延小的法条所评价的犯罪与外延大的法条所评价的犯罪在主观构成要件上理应具有一致性。正因为如此，笔者认为，金融诈骗罪构成要件中的主观特征应符合普通诈骗罪构成要件中的主观特征。由于诈骗罪是一种侵犯财产所有权的犯罪，因此其主观方面的本质特征就必然表现为以非法占有他人财产为目的。而金融诈骗罪作为从诈骗罪中分离出来的一种特别犯罪，必然兼具金融犯罪和财产犯罪的双重属性，其侵犯的客体是复杂客体，一方面侵犯国家的金融管理秩序，另一方面侵犯公私财产所有权。既然金融诈骗犯罪具有财产犯罪的性质，行为人主观上就必然具有非法占有目的。不可否认，金融诈骗行为具有易发性和严重的社会危害性（往往数额巨大，一旦得逞，会对社会经济秩序造成较大破坏），《刑法》对其专节规定是因为刑法在保护正

---

1. 林山田：《刑法特论》（上），三民书局1988年版，第333页。
2. 参见陈兴良等：《法条竞合论》，复旦大学出版社1993年版，第96页。

常的财产关系的同时，侧重于保护国家的金融管理秩序。但是，由于我们不能否认金融诈骗在某种程度上仍然具有财产犯罪性质，因而也就不能否认金融诈骗罪主观上的非法占有目的。

（二）大多数金融诈骗罪未明文规定非法占有目的是立法功利主义使然

我国《刑法》未对大多数金融诈骗罪规定非法占有目的，并不是立法的疏漏，而是立法技术在刑法制定中的运用，是立法功利主义的体现。正如我国台湾地区学者林纪东所指出的："法律是以其极少数的条文，网罗极复杂的社会生活，为便于适用和遵守起见，条文固应力求其少，文字应力求其短，以免卷帙浩繁，人们有无所适从之叹。"[1] 我国《刑法》对于理论上和实践中已形成共识的要件，往往将其省略或作简略表述。例如，长期以来，我国刑法理论和司法实践中一致认为，盗窃罪和诈骗罪的构成要件中都包含非法占有的目的，即凡构成盗窃罪或诈骗罪，行为人必须以非法占有为目的，无此目的则不构成该种犯罪。但是，我国《刑法》有关盗窃罪和诈骗罪的条文并没有专门规定非法占有目的这一主观要素。而事实上，刑法理论和司法实践中并没有因为《刑法》未作规定而否认行

---

1. 林纪东：《法学通论》，远东图书公司 1953 年版，第 89 页，转引自张明楷：《保险诈骗罪的基本问题探究》，载《法学》2001 年第 1 期。

为人非法占有目的是构成这些传统财产罪的要件。[1]理论上认为，如果没有非法占有目的，就很难区别盗窃罪和一般的盗用行为、诈骗罪和一般的欺诈行为。对此，司法实务界均予以认可。这表明，刑法虽然实质上要求某犯罪之构成须具备某种要件，但可能因为该要件众所周知，出于立法的简洁性而未对之进行规定，这种要素实际上就是刑法理论上所讲的"不成文构成要件要素"（也有人把那种自然包含的、一目了然的构成要件称为"显性要件"，并认为从立法技术的角度讲，犯罪构成中的显性要件不需要明确规定在条文中[2]）。因此，在一些理论和实践中公认且明确需要非法占有目的，但不规定又不至于出现混淆罪与非罪、此罪与彼罪的场合，《刑法》分则往往并不明文规定。但此时非法占有目的这一不成文构成要件要素亦如规定于条文中的构成要件要素一样，对认定犯罪具有决定作用。

（三）刑法对金融诈骗罪的目的作不同规定是立法技术需要

既然非法占有目的是盗窃罪、诈骗罪以及大多数金融诈骗罪的不成文构成要件，那么，刑法为什么对集资诈骗罪和贷款诈骗罪又明文规定以非法占有为目的？笔者认为，这是因为对

---

1. 参见苏惠渔主编：《刑法学》，中国政法大学出版社 1997 年版，第 659、664 页；高铭暄、马克昌主编：《刑法学》（下编），中国法制出版社 1999 年版，第 900、906 页等。

2. 参见侯国云、肖云吉：《有关金融诈骗罪的几个问题》，载赵秉志主编：《新千年刑法热点问题研究与适用》（下），中国检察出版社 2001 年版，第 1077 页。

于集资诈骗罪和贷款诈骗罪来说，如果立法上不明文规定非法占有目的，仅从行为方式看，往往难以将其与《刑法》中的其他类似犯罪区分开来。众所周知，集资诈骗罪的特点是以非法集资的方式进行，可是《刑法》第176条所规定的非法吸收公众存款罪也可通过非法集资的方式进行。因此，如果行为人在集资过程中以非法占有为目的，构成集资诈骗罪；如果行为人的行为方式虽然是非法集资，并在集资过程中采用了虚假的方法，但主观上没有非法占有目的，则只能构成非法吸收公众存款罪，而不能构成集资诈骗罪。由此可见，在同样是采用非法集资行为方式的情况下，行为人主观上是否具有非法占有目的就成为区分集资诈骗罪和非法吸收公众存款罪的关键。至于贷款诈骗罪，其特点是行为人在贷款过程中虚构事实或隐瞒真相，以非法占有为目的，骗取贷款。但是，在贷款过程中虚构事实或隐瞒真相的行为也符合我国《刑法》第175条所规定的高利转贷罪的行为方式，而且从高利转贷罪的罪名进行分析，其高利转贷行为本身必然不符合金融机构正常贷款的目的要求，若要转贷成功，行为人除虚构事实或隐瞒真相外别无他法。由此，在行为方式相同的情况下，如果行为人主观上具有非法占有目的，就应构成贷款诈骗罪；如果行为人不具有非法占有目的而只具有转贷牟利目的，则构成高利转贷罪。可见，行为人是否具有非法占有目的就成为区分贷款诈骗罪和高利转贷罪的关键。正因为如此，我国《刑法》才对集资诈骗罪和贷款诈骗罪明文规定了以非法占有为目的。由于《刑法》规定的金融诈骗罪中的其他六种犯罪并不存在如上述集资诈骗罪与非法吸收公众存款罪、贷款诈骗罪与高利转贷罪之间因行为方式相同而易混淆的情况，即事实上在刑法条文中没有相对应的易混淆之罪，因此也就没有必要对其非法占有目的加以专门规定。

综上所述，笔者认为，非法占有目的是所有金融诈骗罪的必要要件。我们不能也不应该因为《刑法》未对某些金融诈骗罪明文规定非法占有目的，而否定非法占有目的是这些金融诈骗罪构成要件中的必要要件，只要是刑法上的诈骗类犯罪，其构成要件中就必然有非法占有目的。同样，我们不能也不应该因为《刑法》只对部分金融诈骗罪规定了非法占有目的，而否定其他金融诈骗罪以非法占有目的为必要要件。《刑法》中有关金融诈骗罪非法占有目的规定，主要是为了划清此罪与彼罪的界限，且只是立法技术的具体运用而已，其中并无否定非法占有目的是某些金融诈骗罪的必要要件之用意。同时，我们也不赞同以司法实践中认定金融诈骗罪的非法占有目的较为困难、不利于打击犯罪等为由，而否定非法占有目的是金融诈骗罪的必要要件的观点。事实上，认定行为人的非法占有目的虽有一定难度，但并非不能做到，更何况将非法占有目的作为金融诈骗罪的构成要件，有助于进一步划清罪与非罪的界限，从而有利于打击金融诈骗犯罪，根本不会导致所谓"不利打击"的情况。

三、金融诈骗罪非法占有目的之认定

非法占有目的作为一种主观上的心理活动，如何在司法实践中得到证明？笔者认为，在认定行为人主观上的非法占有目的时，必须坚持主客观相一致的原则。

（一）对司法推定的认识

有学者在肯定金融诈骗罪主观上都必须具有非法占有目的的前提下，提出在金融诈骗罪中，如果《刑法》未规定以非法占有为目的，则其客观行为本身就足以表明这种非法占有目的的存在，因而无须证明。笔者认为，这种观点其实变相否定了非法占有目的是除集资诈骗罪和贷款诈骗罪以外的六个金融诈骗罪的主观构成要件。上文我们已经分析过，行为人通过诈骗方法非法获取资金，可以区分为非法占有和非法占用，如果行为人获利后马上归还资金，则行为人主观上不具有非法占有目的是很明显的。但是，如果行为人通过诈骗的方法实施了《刑法》未明文要求具有非法占有目的的金融诈骗罪中所规定的客观行为，而且造成较大数额资金不能归还的，我们仍然不能据此就认定行为人的这些客观行为已表明其主观上必然具有非法占有目的，因而构成金融诈骗罪。例如，利用骗取的信用证进行融资的行为，行为人骗取资金的目的是从事某种经营活动，待获利后还钱，这是以欺骗的方法暂时获得资金的使用权。行为人主观上无非法占有目的，是完全可以得到证明的，比如，行为人已定还款计划或正在筹措资金准备还款等。如果按照这种观点，很可能会导致客观归罪。笔者认为，在认定金融诈骗罪非法占有这一主观目的问题上，无论《刑法》对该目的是否作出具体规定，其认定标准和认定方式都应该是一样的。

那么，如何认定金融诈骗罪的非法占有目的？应该说，刑法中犯罪构成主观要件上的非法占有目的虽然是一种行为人主观上的心理活动，但它并不是脱离客观行为而存在的。对金融诈骗罪中非法占有目的的认定，早在1996年最高人民法院《关于审理诈骗案件具体应用法律的若干问题的解释》（现已失效）中就有规定，其指出："具有下列情形之一的，应当认定其行为属于'以非法占有为目的，使用诈骗方法非法集资'：（1）携带集资款逃跑的；（2）挥霍集资款，致使集资款无法返还的；（3）使用集资款进行违法犯罪活动，致使集资款无法返还的；（4）具有其他欺诈行为，拒不返还集资款，或者致使集资款无法返还的。"2001年《全国法院审理金融犯罪案件工作座谈会纪要》在肯定非法占有目的是所有金融诈骗罪的主观构成要件的基础上，列举了认定金融诈骗罪具有非法占有目的的七种情形：（1）明知没有归还能力而大量骗取资金的；（2）非法获取资金后逃跑的；（3）肆意挥霍骗取资金的；（4）使用骗取的资金进行违法犯罪活动的；（5）抽逃、转移资金、隐匿财产，以逃避返还资金的；（6）隐匿、销毁账目，或者搞假破产、假倒闭，以逃避返还资金的；（7）其他非法占有资金、拒不返还的行为。而后，最高人民法院刑一庭负责人在对全国法院审理金融犯罪案件工作座谈会所作的综述中提出，具有以下11种情形可推定行为人具有非法占有目的：（1）以支付中间人高额回扣、介绍费、提成的方式非法获取资金，并由此造成大部分资金不能返还的；（2）将资金大部分用于弥补亏空、归还债务的；（3）没有经营、归还能力而大量骗取资金的；（4）将资金大量用于挥霍、行贿、赠与的；（5）将资金用于高风险营利活动，造成亏损的；（6）将资金用于违法犯罪活动的；（7）携资金潜逃的；（8）抽逃、转移、隐匿资金，有条件归还而拒不归还的；（9）隐匿、销毁财务账目或搞假破产、假倒闭逃避返还资金的；（10）为继续骗取资金，将资金用于亏损或不营利的生产经营项目的；（11）其他非法占有资金的行为。[1] 2022年最高人民法院《关于审理非法集资刑事案件具体应用法律若干问题的解释》第7条规定："以非法占有为目的，使用诈骗方法实施本解释第二条规定所列行为的，应当依照刑法第一百九十二条的规定，以集资诈骗罪定罪处罚。使用诈骗方法非法集资，具有下列情形之一的，可以认定为'以非法占有为目的'：（一）集资后不用于生产经营活动或者用于生产经营活动与筹集资金规模明显不成比例，致使集资款不能返还的；（二）肆意挥霍集资款，致使集资款不能返还的；（三）携带集

---

1. 参见高憬宏：《审理金融犯罪案件的若干问题——全国法院审理金融犯罪案件工作座谈会综述》，载《法律适用》2000年第11期。

资款逃匿的；（四）将集资款用于违法犯罪活动的；（五）抽逃、转移资金、隐匿财产，逃避返还资金的；（六）隐匿、销毁账目，或者搞假破产、假倒闭，逃避返还资金的；（七）拒不交代资金去向，逃避返还资金的；（八）其他可以认定非法占有目的的情形。"

笔者认为，上述司法解释、会议纪要或学者提出的从一些"无法返还""拒不返还"等事实推定出行为人具有非法占有目的，是一种由果溯因的反推思维模式。在多数情况下，这种推定是符合事实的。但是，在非法占有目的这个"因"与未返还这个"果"之间并不存在完全的一一对应关系。如果行为人具有非法占有目的，则必然导致未返还的结果；但仅根据未返还的事实并不一定得出行为人必然具有非法占有目的的结论。因为未返还完全有可能是非法占有目的以外的其他原因造成的，如被骗、经营不善等。在没有排除其他可能性的前提下，只根据一些客观事实尤其是未返还的事实，即认定行为人具有非法占有目的，势必会陷入客观归罪的泥潭。行为人利用骗取来的资金从事高风险营利活动，若没有造成亏损，就是一种非法占用资金的行为；如果造成亏损，就推定其主观上具有非法占有目的，这难道不是一种依结果定罪的典型表现形式吗？

笔者认为，只有在根据客观行为推出的主观心理状态是唯一的情况下，运用司法推定才是可行的，也即根据司法推定得出的结论必须是唯一的。但是在以上所列举的情形中，由于不能排除民事金融欺诈的存在，强调司法推定的运用实际上是在一定程度上否定了非法占有目的是所有金融诈骗罪的主观构成要件。

何况司法推定对法官法律素质的要求是非常高的，在我国当今的现实情况下，强调司法推定的运用会使法官们在审理金融诈骗案件时只注意那些教条化的客观事实，而忽视对行为人主观上非法占有目的的考察和判断，容易造成冤假错案。总之，上述主张从客观行为必然推出非法占有目的的观点是不可取的，因为这在一定意义上否认了非法占有目的是部分金融诈骗罪的主观构成要件。笔者认为，既然是构成要件，就必须加以综合论证和认定，而不能只根据行为人的行为并对照《刑法》及司法解释的规定随意推定。

（二）认定非法占有目的的模式

在司法实践中，认定是否具有非法占有目的，应当坚持主客观相一致的原则，既要避免单纯根据结果客观归罪，也不能仅凭被告人供述进行判断，而应当根据案件具体情况作出分析。苏惠渔教授在论述犯罪主观心理态度时指出，根据主观见之于客观、客观反映主观的基本原则，判断行为人的心理状态的根据只能是其实施的活动及其他相关情况，因为人的活动由其主观心理支配，活动的性质由其主观心理决定：人的活动是人的主观思想的外向化、客观化，因而它反映人的思想。因此，在判断行为人主观心理态度时，必须以其实施的活动为基础，综合所有事实，经过周密的论证，排除其他可能，才能得出正确结论。[1]

《全国法院审理金融犯罪案件工作座谈会纪要》以及相关司法解释列举了认定金融诈骗罪具有非法占有目的的情形，其中许多内容是从主客观相结合的角度提出的。例如，明知没有归还能力而大量非法集资骗取资金的，"明知没有归还能力"是从主观上对行为人的一个要求，而"大量非法集资骗取资金"则是从客观上对行为人的一个要求。由此可见，在处理金融诈骗案件时，对于行为人主观上是否具有非法占有目的之认定，必须坚持主客观相一致的原则。尤其是要注意行为人提出的反证，对于有证据证明行为人不具有非法占有目的的，不能单纯以财产不能归还为由按金融诈骗罪处罚。

与2001年《全国法院审理金融犯罪案件工作座谈会纪要》不同的是，作为更新的司法解释，2022年最高人民法院《关于审理非法集资刑事案件具体应用法律若干问题的解释》第7条第2款第1项与第2项集中从集资款无法返还的角度，根据融资者的资金使用情况推定其非法占有目的。对此，笔者认为，首先，司法实践中应当避免根据事后造成的损失来倒推"非法占有目的"，从而倾向于将造成较大损失的案件认定为集资诈骗罪，而将损失较小的案件认定为非法吸收公众存款罪。其次，基于市场风险、经营判断失误等原因造成集资款无法收回的，不能推定其具有非法占有目的，而应当通过民事诉

---

1. 参见苏惠渔主编：《刑法学》，中国政法大学出版社1997年版，第154—155页。

讼程序予以追偿。再次，推定融资者具有非法占有目的的基础事实应当具有典型性与明确性，集资后用于生产经营活动与筹集资金规模明显不成比例以及肆意挥霍情形中的"明显""肆意"等应当综合个案事实予以重点分析，不能简单地根据"不成比例""挥霍"等基础事实对非法占有目的进行推定。最后，应当充分允许涉嫌金融诈骗犯罪的行为人就其不具有非法占有目的进行反驳。正如前文所述，2001年《全国法院审理金融犯罪案件工作座谈会纪要》不仅从正面规定了非法占有目的的客观表现形式，即推定行为人具有非法占有目的的客观行为类型，而且从反面强调了应当谨慎认定或者不认定非法占有目的的两个要点：一是不能仅凭较大数额的非法集资款不能返还的结果，推定行为人具有非法占有的目的；二是行为人将大部分资金用于投资或生产经营活动，而将少量资金用于个人消费或挥霍的，不应仅以此便认定具有非法占有的目的。但2022年最高人民法院《关于审理非法集资刑事案件具体应用法律若干问题的解释》只是从正面强调了推定非法占有目的的情形，并没有从反面论证或者突出反驳非法占有目的的行为事实类型，在实体规范层面存在一定程度弱化非法占有目的反驳对抗性的问题。故在司法实践中有必要彰显非法占有目的反驳的作用与意义，防止集资犯罪司法解释出现技术性倒退。

第二章

贷款诈骗罪及其司法认定

我国 1979 年《刑法》没有规定贷款诈骗罪这一罪名，在以前的司法实践中，对贷款诈骗犯罪行为，一般以诈骗罪定性处罚或仅作为民事纠纷处理。由于贷款诈骗行为无论在社会危害性方面、行为本身的特征方面，还是在行为所侵犯的客体方面，与传统财产罪中的诈骗罪均有所不同，同时与一般民事欺诈行为也有明显的区别，因而将达到一定程度的贷款诈骗行为以诈骗罪论处或作为民事纠纷处理，在理论上和实践中都会出现较多的问题，也不利于打击贷款诈骗犯罪行为。为此，1995 年 6 月 30 日全国人大常委会《关于惩治破坏金融秩序犯罪的决定》第 10 条首次将贷款诈骗罪作为一个独立的罪名加以规定。修订后的《刑法》采纳了该决定的内容，并进一步明确了贷款诈骗罪的罪状和法定刑。

《刑法》第193条规定："有下列情形之一，以非法占有为目的，诈骗银行或者其他金融机构的贷款，数额较大的，处五年以下有期徒刑或者拘役，并处二万元以上二十万元以下罚金；数额巨大或者有其他严重情节的，处五年以上十年以下有期徒刑，并处五万元以上五十万元以下罚金；数额特别巨大或者有其他特别严重情节的，处十年以上有期徒刑或者无期徒刑，并处五万元以上五十万元以下罚金或者没收财产：（一）编造引进资金、项目等虚假理由的；（二）使用虚假的经济合同的；（三）使用虚假的证明文件的；（四）使用虚假的产权证明作担保或者超出抵押物价值重复担保的；（五）以其他方法诈骗贷款的。"2022年最高人民检察院、公安部《关于公安机关管辖的刑事案件立案追诉标准的规定（二）》第45条关于贷款诈骗罪的立案标准规定："以非法占有为目的，诈骗银行或者其他金融机构的贷款，数额在五万元以上的，应予立案追诉。"

第一节　贷款诈骗罪概述

一、贷款诈骗罪的立法依据

根据《刑法》第193条的规定，贷款诈骗罪，是指以非法占有为目的，使用虚构事实或者隐瞒真相的方法，骗取银行或者其他金融机构的贷款，数额较大的行为。

众所周知，贷款业务是我国金融机构的一项基本金融业务，从某种意义上说，如果没有贷款业务，金融机构也就没有存在的必要或很难有存在下去的可能。贷款在国民经济建设和社会发展中，具有巨大的作用。但是，它在实际经济活动中作用的大小，主要取决于其投放方向的正确与否以及安全程度的高低。贷款投放方向正确、安全程度高，则会产生积极有效的社会效益和经济效益，并能按期收回本息；反之，不但不能产生预期的社会效益和经济效益，甚至连贷款本身也无法收回，进而可能引发金融危机。为了发挥贷款业务的积极作用，国家必然要对社会经济活动中的贷款行为进行规范，对金融机构的贷款业务实行严格的管理、审批制度，这就是国家贷款管理制度。《中国人民银行法》《商业银行法》等法律法规均对此作出了规定。在引起贷款风险的诸多原因中，违反贷款管理制度的违法犯罪不能不说是一个重要的原因。随着我国金融体制改革的不断深入，各种商业活动和金融活动日益活跃，银行和其他金融机构在经济生活中发挥的作用也越来越大。但是，由于有关规范金融秩序的法律、法规以及金融机构内部的各项规章制度还不完善，特别是金融风险防范机制的建立需要一定的时间，因此，银行和其他金融机构的工作和业务活动中难免存在一些漏洞。在此情况下，社会上一些不法分子就将违法犯罪的目标对准了银行或者其他金融机构的贷款，其中贷款诈骗犯罪较为严重。一些犯罪分子以非法占有为目的，或编造引进资金、项目等虚假理由，或使用虚假的经济合同，或使用虚假的证明文件，或使用虚假的产权证明作担保或者超出抵押物价值重复担保以及以其他方法诈骗贷款。

我国时下形形色色的贷款诈骗罪具有以下几方面的特征。

其一，贷款诈骗的数额越来越大。近年来，贷款诈骗犯罪不仅发案数量不断上升，范围明显扩大，而且涉及的金额也相当惊人，少则几万元、几十万元，多则几百万元、几千万元甚至几亿元。

其二，贷款诈骗的手段越来越多。目前，贷款诈骗案件中的犯罪分子的犯罪手段日益向多样化、智能化方向发展。一些犯罪分子为了骗取银行和其他金融机构的贷款，在犯罪手段上往往无所不用其极。有的犯罪分子本身没有经济实力，但却利用制作假报表、拉拢信贷人员等手段骗取贷款；有的还与担保企业或抵押企业勾结，利用假担保、假抵押骗取贷款；有的通过先准时还贷，骗取银行和其他金融机构的信任，然后再继续贷款，最后携款逃跑；还有的在贷款后将资金通过不同账户转移，甚至转移到海外账户，使银行陷入追债的被动局面。

其三，贷款诈骗的危害越来越大。在市场经济活动中，贷款诈骗犯罪不仅严重扰乱了国家的金融管理秩序，而且严重扰乱了银行和其他金融机构依法发放贷款的正常活动，同时还严重妨碍了金融安全，并可能引发金融危机，影响社会秩序的稳定。另外，贷款诈骗犯罪严重侵犯了银行和其他金融机构的财产所有权，往往会给国家和金融机构造成巨大的经济损失，从而极大地增加贷款风险。

正是由于贷款诈骗行为的上述特征，笔者认为，对于贷款诈骗犯罪行为必须严加惩治。《刑法》将贷款诈骗罪从一般诈骗罪中分离出来独立成罪并归入金融诈骗罪中，虽然与《刑法》的分类标准不是很一致，但是这一立法模式所表明的立法意图是显而易见的。首先，通过贷款诈骗罪的设立，可以较为明确地划清贷款诈骗罪与贷款经济纠纷的界限，从而防止出现过去司法实践中将诈骗犯罪当作一般贷款纠纷处理的情况。其次，虽然贷款诈骗具有一般诈骗罪虚构事实、隐瞒真相的行为特征，但这种犯罪毕竟是在贷款过程中产生的，因而其表现手段必然具有相当大的特殊性。《刑法》设立贷款诈骗罪，可以根据这些特殊性，正确判断案件性质。再次，将贷款诈骗罪从一般诈骗罪中分离出来独立成罪，主要也是考虑到由于贷款诈骗的行为人是以非法占有为目的，因此贷款诈骗行为人的行为必然会对财产造成损害；而且由于贷款诈骗是在贷款活动中进行的，因而必然会对国家的金融管理秩序造成破坏。最后，从刑事立法的完善角度看，细化诈骗犯罪的立法规定，无疑是一种新的尝试，这对贯彻罪刑法定原则有积极的作用。

二、贷款诈骗和贷款纠纷的界限

由于社会经济活动中的贷款行为本身具有相当大的风险，

因而实践中银行或者其他金融机构经常出现呆账、坏账的情况。事实上，也确实有一些人由于经营不善，致使企业亏损，无法偿还贷款；或因市场行情发生变化，没有取得预期收益而无法归还贷款等。就借款人没有偿还到期贷款这一后果而言，贷款纠纷与贷款诈骗行为十分相似。但是，对于这种由于经营不善、市场行情变化等原因而产生的无力偿还贷款的情况，不能以贷款诈骗罪定性。为此，《全国法院审理金融犯罪案件工作座谈会纪要》明确指出："对于合法取得贷款后，没有按规定的用途使用贷款，到期没有归还贷款的，不能以贷款诈骗罪定罪处罚；对于确有证据证明行为人不具有非法占有的目的，因为不具备贷款的条件而采取了欺骗手段获取贷款，案发时有能力履行还贷义务，或者案发时不能归还贷款是因为意志以外的原因，如因经营不善、被骗、市场风险等，不应以贷款诈骗罪定罪处罚。"

所谓贷款纠纷，是指银行或者其他金融机构与借款人之间，在签订、履行贷款合同过程中产生的经济纠纷。笔者认为，贷款诈骗和贷款纠纷最主要的区别在于：行为人是否具有非法占有贷款的目的以及是否采用了欺骗的手段骗取贷款，而其中最关键的是要查明行为人是否具有非法占有目的。贷款纠纷中的行为人在贷款时并不具有非法占有贷款的目的，只是由于经营不善、市场行情变化等原因，无法按期归还贷款；而贷款诈骗中的行为人在贷款时就已经具有非法占有贷款的目的。

考察行为人是否具有非法占有贷款的目的，关键是从行为人在申请贷款时所使用的手段进行分析。虽然不能认为只要是采用了欺骗的手段获取贷款的，就可以认定行为人具有非法占有的目的，但是，在一般情况下，对于行为人的欺骗手段的考察，无疑是认定行为人是否具有非法占有目的的主要依据，如明知没有归还能力而大量骗取贷款的，就可以认定行为人具有非法占有的目的。另外，还应结合行为人取得贷款后，贷款的实际用途等进行综合分析。如果行为人获取贷款后逃跑，或肆意挥霍骗取的贷款，或使用骗取的贷款进行违法犯罪活动，或抽逃、转移资金、隐匿财产，以逃避返还贷款，或隐匿、销毁账目，或者搞假破产、假倒闭，以逃避返还资金等，当然就可以认定行为人具有非法占有目的，从而追究行为人的贷款诈骗罪的刑事责任。但是，如果行为人对于获取的贷款仅仅是想通过转贷获取高额利息的，则可以高利转贷罪对行为人定罪处罚。而如果行为人将获取的贷款用于购买发展生产的原材料等，一般就可以排除行为人具有非法占有目的。即使最后因经营不善而出现不能到期归还贷款的情况，也不能按照贷款诈骗罪认定。

当然，在理论上，许多学者对贷款诈骗罪必须以非法占有目的为构成要件持有不同意见。有人认为，贷款诈骗罪限制在"以非法占有为目的"必将使我国的金融机构在国际资本市场的竞争中处于不利地位。因为很多贷款诈欺行为由于"非法占有目的"难以证明，导致放纵一部分罪犯。[1] 也有人认为，对

---

1. 参见李文燕、姜先良：《关于贷款诈骗罪几个问题的思考》，载赵秉志主编：《新千年刑法热点问题研究与适用》（下），中国检察出版社2001年版，第1200页。

于经济欺诈犯罪，发达国家的刑法大多采用非目的犯的立法方式，不要求行为人具有非法占有目的。例如，作为大陆法系典范的《德国刑法典》第256条B款规定了信贷诈欺罪，即只要行为人在关于信贷条件的许可、放弃或变更的申请中，就有利于借款人且对其申请的决定具有重要意义的经济关系提出不真实或不完全的资料，如收支平衡表、盈利及亏损账目、资产摘要或鉴定书，或以书面形式作不真实或不安全的报告；或未在附件中说明资料或报告所表明的经济关系的恶化，而其对申请的判断又非常重要的，则处三年以下自由刑或罚金。由此可见，《德国刑法典》对贷款欺诈行为所设计的犯罪圈远远大于我国《刑法》，即只要行为人在贷款申请中虚构了事实或隐瞒了真相，则无须证明行为人的主观目的，都构成信贷诈欺罪，即使行为人主观上只是为了一时的占用。因此，我国刑法不仅应处罚以非法占有为目的贷款诈骗行为和以转贷牟利为目的的高利转贷行为，还应将一时占用的贷款诈欺行为犯罪化。[1]

笔者认为，占用贷款的诈欺行为有时确实具有较大的社会危害性，将一时占用的贷款诈欺行为作为犯罪行为处理，在理论上确实值得研究和探讨。《刑法》第175条专门规定了高利转贷罪，尽管该罪有一定的构成要件要求，如行为人主观上必须具有转贷牟利的目的，但其实质仍然是一种占用行为。从司法实践和理论上分析，对于其他的占用贷款行为，如达到一定

---

[1] 参见苏彩霞：《贷款诈欺行为犯罪化之分析及立法建议》，载赵秉志主编：《新千年刑法热点问题研究与适用》(卜)，中国检察出版社2001年版，第1207页。

的危害程度，也应该给予必要的刑事处罚，但是在相当长的一段时间内，《刑法》未作专门规定。为此，全国人大常委会在2006年6月29日颁布的《刑法修正案（六）》中专门增设了骗取贷款、票据承兑、金融票证罪，明确将以欺骗的手段占用贷款等的行为独立设罪，从而解决了这一理论和实践中长期争论不休的问题。

需要明确的是，尽管现行《刑法》已经将占用贷款的诈欺行为纳入了调整范围，但这并不影响对贷款诈骗罪的认定和处罚，也不能因为《刑法》将占用贷款诈欺行为犯罪化了，就认为要取消贷款诈骗罪。事实上，无论在理论上还是在实践中，贷款诈骗和贷款诈欺均是有本质区别的，这一区别的关键在于行为的目的。

另外，笔者也不同意因为实践中"非法占有目的"内容难以证明，而不把该目的作为构成贷款诈骗罪的必要要件。只要掌握一定的标准，对行为人非法占有目的的认定也并非十分困难。

第二节　贷款诈骗罪疑难问题辨析

一、金融机构工作人员单独或参与骗贷行为的定性

时下，司法实践中经常出现银行或者其他金融机构工作人

员利用职务之便冒名骗取贷款，或者与非金融机构工作人员内外勾结骗取贷款的案件。对于这些行为应如何定性，理论和实践中颇有争议。有人认为，对此情况应以贷款诈骗罪定性，因为贷款诈骗罪的主体是一般主体，银行或者其他金融机构工作人员利用职务之便单独或参与骗取贷款，其行为实质仍然是贷款诈骗，与其他人一样均应构成贷款诈骗罪。有人则认为，对此情况应以贪污罪或职务侵占罪定性，因为这些行为在形式上虽然是一种贷款诈骗行为，但是其中的贷款诈骗行为主要是利用金融机构工作人员的职务之便实施的，所以应以贪污罪或职务侵占罪定性。[1]

笔者认为，对于银行或者其他金融机构工作人员利用职务之便冒名骗取贷款，或者与非金融机构工作人员内外勾结骗取贷款的行为的定性，不能一概而论，而应根据案件的具体情况，依据犯罪构成要件加以具体分析。

（一）内外勾结骗取占有贷款行为的定性

笔者认为，金融机构工作人员与非金融机构工作人员内外勾结骗取贷款行为的定性，涉及身份犯和非身份犯的问题。根据《刑法》和相关司法解释对某些具体犯罪的规定，身份犯与非身份犯伙同犯罪，应以身份犯罪的共犯论处。《刑法》这一规定的理由无非身份犯的职务便利对于具体案件的实施起了决

---

1. 参见刘宪权、卢勤忠：《金融犯罪理论专题研究》，复旦大学出版社2005年版，第559—560页。

定性的作用。尽管内外勾结作案的形式多种多样，但在获取单位内部的财物时，如果主要不是利用身份犯的职务便利，即没有身份犯的职务行为，无论非身份犯实施了何种行为，均很难得逞。但是，在贷款诈骗案件中，相关的骗贷故意和骗贷行为经常是非身份犯（即外部人员）提起和实施的，而身份犯（即内部人员）仅仅只是起配合帮助作用。对此，是否也一定要对内外人员均以相关的身份犯罪论处？笔者主张，应根据案件实际情况确定行为人行为的性质。

如果金融机构工作人员以非法占有为目的，主要利用自己职务上的便利，但为了作案的需要，请求非金融机构工作人员参与作案，如帮助提款、伪造某些单据等，事后金融机构工作人员占有了其中大部分贷款，而非金融机构工作人员没有获得或仅获得少量酬劳的，笔者认为，相关人员均应该以贪污罪或职务侵占罪的共犯论处。因为这类案件的特征是，无论在占有贷款故意上，还是在实际占有贷款的行为上，金融机构工作人员都起着决定性作用，而非金融机构工作人员仅仅起着帮助作用。对金融机构工作人员和非金融机构工作人员以相关职务犯罪论处既与《刑法》的规定一致，也与刑法的基本原理相符。

如果非金融机构工作人员以非法占有为目的，请求金融机构工作人员帮助但没有明确告知占有的故意，且占有贷款的行为主要是由非金融机构工作人员采取欺骗的方法实施的，金融机构工作人员只是在不知情的情况下客观上实施了相关的配合和帮助行为，对于金融机构工作人员的行为可以按违法发放贷款罪定性处罚。

如果非金融机构工作人员以非法占有为目的，在告知占有故意的情况下请求金融机构工作人员帮助，且占有贷款的行为主要是由非金融机构工作人员采取欺骗的方法实施的，对于金融机构工作人员应以贷款诈骗罪的共犯论处。这是因为，与其他金融犯罪不完全一样的是，贷款诈骗案件中一般均需要有人向金融机构提出贷款的申请，而这些行为往往只有非金融机构工作人员才能实施。在内外勾结的贷款诈骗行为中，一般起主要或者关键作用的均是非金融机构工作人员，即如果没有非金融机构工作人员，贷款诈骗行为很难成功。而按共犯原理，如果身份犯和非身份犯内外勾结实施并不要求是特殊主体的犯罪，其中的身份犯也可构成这一犯罪。

（二）内外勾结骗取使用贷款行为的定性

如果金融机构的工作人员以转贷牟利为目的或以其他使用为目的，与非金融机构工作人员内外勾结，以欺骗的手段套取银行或者其他金融机构贷款的，对金融机构工作人员应以挪用公款罪或者挪用资金罪论处，其刑法依据和原理与上述骗取占有贷款案件相同。其中的非金融机构工作人员如果属于实际使用人的，且使用人与挪用人共谋，指使或者参与策划取得挪用款的，对非金融机构工作人员以挪用公款罪或者挪用资金罪的共犯论处。但是，如果在这类案件中，非金融机构工作人员在故意的产生和行为的具体实施中均起着主要作用，笔者认为，对相关行为实施者应以高利转贷罪或者骗取贷款、票据承兑、金融票证罪的共犯论处。这是因为，在这一情况中，非金融机构工作人员并非以非法占有为目的，而是通过将获取的贷款转手贷给其他单位或个人并收取高额利息，或者以欺骗手段在获取银行或者其他金融机构的贷款后加以滥用。这就完全符合《刑法》中关于高利转贷罪或骗取贷款、票据承兑、金融票证罪的构成要件，而金融机构工作人员与非金融机构工作人员虽然具有共同故意，但是，金融机构工作人员只是起配合或者帮助作用，因而从刑法原理上应按高利转贷罪或者骗取贷款、票据承兑、金融票证罪的共犯论处。

（三）内部人员单独骗取占有贷款行为的定性

如果金融机构工作人员以非法占有为目的，单独利用职务上的便利，骗取贷款的，应以贪污罪或者职务侵占罪论处。因为金融机构工作人员尽管具有欺诈获取贷款的行为，但是这种行为是利用行为人的职务上的便利实施的，而且非法占有贷款的目的也是其利用职务上的便利才能实现的，这就完全符合贪污罪或者职务侵占罪的构成要件。这些内部成员属于国家工作人员的，当然可以构成贪污罪；如果这些内部成员系非国家工作人员，则应构成职务侵占罪。

（四）内部人员单独骗取使用贷款行为的定性

如果金融机构工作人员以转贷牟利为目的，或者以个人使用为目的，单独利用职务上的便利骗取贷款的，应以挪用公款罪或者挪用资金罪论处。这是因为，金融机构工作人员无论是通过将获取的贷款转手贷给其他单位或个人，并收取高额利息，还是将贷款作其他使用，实际上均是挪用本单位资金的行为，即均是对银行或者其他金融机构贷款使用权的侵害。根据《刑法》第185条的规定，商业银行等金融机构的工作人员利用职务上的便利，挪用本单位或者客户资金的，以挪用资金罪定罪处罚。国有商业银行等金融机构的工作人员和国有商业银行等国有金融机构委派到非国有金融机构从事公务的人员利用职务上的便利，挪用本单位或者客户资金的，以挪用公款罪定罪处罚。由于在内部人员单独骗取使用贷款的案件中，行为人主观上不具有非法占有的故意，因而对行为人不能以贪污罪或者职务侵占罪论处，而只能以挪用类犯罪论处。如果这些内部成员属于国家工作人员的，当然可以构成挪用公款罪；如果这些内部成员系非国家工作人员，则应构成挪用资金罪。

二、事后故意不归还贷款行为的定性

对于行为人以非法占有为目的，以虚构事实、隐瞒真相的方式骗取银行或者其他金融机构贷款的行为，应以贷款诈骗罪认定，这在理论和实践中已没有异议。但是，对于行为人在获取贷款时并无非法占有目的，而在事后却因各种各样的原因产生了占有的目的和占有的行为，应如何定性，却争议颇大。

司法实践中，此类情况主要表现为：

第一，以合法手段取得贷款后，再采取欺诈手段不归还贷款。这种情况往往是行为人通过合法的手段申请并获取银行或者其他金融机构的贷款后，在规定的归还日期到来之前，以经营亏损为由，采取转移或隐藏资金、携款潜逃等方式逃避归还贷款。

第二，以欺诈手段取得贷款后，先使用贷款再采取欺诈手段不归还贷款。这种情况主要是行为人在向银行或者其他金融机构申请并获取贷款时，虽然使用了一定的欺诈手段，但有证据证明行为人主观上并无非法占有目的，而只是想使用贷款，但在使用过程中，行为人萌发占有目的，以经营亏损为由，采取欺诈手段逃避归还贷款。

对于上述理论上称为"事后故意"的情况，有人认为，这种案件不能以贷款诈骗罪论处。其理由是：构成贷款诈骗罪，必须是既采用了《刑法》中规定的欺诈方法，又具有非法占有贷款的目的，二者必须同时具备，缺一不可。而在这种案件中，行为人虽然具有非法占有贷款的目的，但这一目的产生在贷款后，且行为人未实施《刑法》所规定的贷款诈骗方法。[1]也有人认为，事后故意虽然产生在取得贷款以后，但行为人仍具备"非法占有金融机构贷款"的主观目的。另外，行为人客

---

1. 参见侯国云、肖云洁：《有关金融诈骗罪的几个问题》，载赵秉志主编：《新千年刑法热点问题研究与适用》(下)，中国检察出版社 2001 年版，第 1078 页。

观行为方式符合《刑法》第 193 条第 5 项规定的"以其他方法诈骗贷款"的情况。因此，事后故意行为符合贷款诈骗罪的主客观构成要件，应以贷款诈骗罪处理。[1] 还有人认为，事后故意的占有贷款行为虽具有相当大的社会危害性，直接威胁到银行贷款的安全，但本罪客观方面的行为应当是先采用虚构事实、隐瞒真相等方法欺骗银行等金融机构，使其信以为真，从而骗取贷款。如果行为人在贷款到手后才使用欺骗手段非法占有贷款，不符合贷款诈骗罪的主观特征，而且国家立法机关和最高人民法院、最高人民检察院也没有对贷款诈骗罪中的"其他方法诈骗贷款"的含义作出明确司法解释，因而事后故意的贷款欺诈行为不构成贷款诈骗罪。[2]

笔者认为，对于事后故意不归还贷款行为的定性，应该具体问题具体分析，不能一概而论。关键是看行为人是否具有非法占有的目的，并且行为人是否采用了欺骗的手段获取贷款。当然，行为人使用了欺骗的手段获取贷款并不意味着行为人在主观上一定具有非法占有的目的，如果行为人具有其他目的，可构成高利转贷罪或骗取贷款、票据承兑、金融票证罪等。通常情况下，如果行为人在主观上事先具有非法占有的目的，则一定会使用欺骗的手段。但是，如果行为人非法占有贷款的目

---

1. 参见吕敏、王宗光：《浅析当前贷款诈骗罪的特征与认定》，载赵秉志主编：《新千年刑法热点问题研究与适用》（下），中国检察出版社 2001 年版，第 1175 页。

2. 参见吕敏、王宗光：《浅析当前贷款诈骗罪的特征与认定》，载赵秉志主编：《新千年刑法热点问题研究与适用》（下），中国检察出版社 2001 年版，第 1175 页。

的是在取得贷款后产生的，则获取金融机构贷款并非一定会使用欺骗的手段。对此，《全国法院审理金融犯罪案件工作座谈会纪要》明确指出：对于合法取得贷款后，没有按规定的用途使用贷款，到期没有归还贷款的，不能以贷款诈骗罪定罪处罚；对于确有证据证明行为人不具有非法占有的目的，因为不具备贷款的条件而采取了欺骗手段获取贷款，案发时有能力履行还贷义务，或者案发时不能归还贷款是因为意志以外的原因，如经营不善、被骗、市场风险等，不应以贷款诈骗罪定罪处罚。对于这一规定，笔者认为，应从以下两个方面把握。

一是对于合法取得贷款后到期没有归还的情况，即使行为人没有按规定的用途使用贷款而导致到期没有归还贷款，一般也不能构成贷款诈骗罪。但是，如果行为人合法取得贷款后，采用抽逃、转移资金、隐匿财产等手段，以逃避返还资金的；或者采用隐匿、销毁账目，以及假破产、假倒闭等手段，以逃避返还资金的，则应构成贷款诈骗罪。因为在这些情况下，尽管行为人是以合法的手段获取贷款，但事后明显产生了非法占有的目的，并实施了逃避返还资金（即占有贷款）的行为，当然可以构成贷款诈骗罪。

二是对于因不具备贷款的条件而采取欺骗手段获取贷款后到期没有归还的情况，则应以行为人是否具有非法占有目的为标准，作为划分此罪与彼罪的界限。如果确有证据证明行为人不具有非法占有的目的，即使行为人使用欺骗手段获取贷款后到期不能归还贷款，也不能以贷款诈骗罪认定。《全国法院审理金融犯罪案件工作座谈会纪要》是在《刑法修正案（六）》出台之前颁布的，事实上，《刑法修正案（六）》已经将滥用贷款的行为规定在新增设的骗取贷款、票据承兑、金融票证罪（《刑法》第175条之一）中。因此，对于上述因不具备贷款的条件而采取欺骗手段获取贷款后到期没有归还，给银行或者其他金融机构造成重大损失的，行为人的行为可以构成骗取贷款、票据承兑、金融票证罪。如果行为人具有非法占有的目的，同时又采用了欺骗手段获取贷款且到期不归还的，则可以贷款诈骗罪论处。

可见，对于事后故意不归还贷款行为的定性，关键不在于行为人是合法取得贷款还是非法取得贷款，而主要在于查明行为人是否具有非法占有的目的，无论这种目的产生在贷款之前还是贷款之后，只要行为人具有非法占有的目的，均可构成贷款诈骗罪。而行为人如不具有非法占有的目的，即使以欺诈手段获取贷款，也不能构成贷款诈骗罪，而只能构成其他犯罪。

三、以骗取担保的形式骗取贷款行为的定性

司法实践中曾发生过行为人以骗取他人担保的形式，获取并占有金融机构贷款的案件。在这类案件中，行为人向金融机构提供虚假证明文件，同时骗取担保人的信任向金融机构提供担保，以申请贷款的方式获取金融机构贷款后加以占有，并由

担保人代为偿还部分或者全部贷款。由于行为人虽然客观上存在两个欺骗对象（既欺骗了担保人，也欺骗了金融机构），但目的只有一个，即占有金融机构的贷款，而且行为人欺骗担保人的行为只是手段，是骗取贷款行为的组成部分，是为行为人实现占有贷款的目的服务的，因此，理论上和司法实践中普遍认为，对行为人的行为只能定一罪，不能实行数罪并罚。

但是，对行为人的行为究竟应以何罪认定和处罚，实践中则有不同的观点。有人认为，对行为人的行为应根据受损失方确定具体罪名。如果最终受损失方是金融机构，应以贷款诈骗罪定罪；如果最终受损失方是担保人，应以合同诈骗罪定罪。也有人认为，以受损失方作为定性依据是可行的，但不应该以"最终受损失方"作为依据。因为在案件侦破和审判过程中，要确定最终受损失方只能通过推理，而这种推理往往又是不确定的。据此，持该观点者主张，应将案件侦破和审判时，损失所停留的当事人认定为损失方。其理由是：其一，行为人在犯罪对象上是概括性的犯意。行为人不是真心贷款，而是以占有为目的，因而欺骗了金融机构：由于金融机构要求行为人找担保，于是行为人就欺骗该担保人。行为人的目的就是占有贷款，至于最终是谁承担贷款的损失，行为人在主观上并不作具体区分。其二，行为人骗取的担保能否兑现，事实上处于不确定状态。因为有真实的担保能力，也未必能真正地执行担保。如果金融机构一发现被骗就立刻将担保兑现，兑现之后才案发，那么这个损失就停留在担保人处，对行为人的行为就应定合同诈骗罪。如果金融机构没有办法很快摆脱这一损失，对行为人的行为就应以贷款诈骗罪认定。[1]

笔者对于上述观点均不能苟同。依笔者之见，上述观点只是认定的角度不完全一样，但本质上均是以被害方是谁作为认定行为人行为性质的标准或者依据。事实上，这种认定标准既不符合刑法基本原理，也不利于司法实践中对这类案件性质的正确认定。笔者主张，对这类案件中行为人的行为均应该以贷款诈骗罪认定。

首先，当一个案件进入刑事司法程序时，相关的民事责任实际上均处于不确定的状态。在涉及金融诈骗犯罪刑事案件的处理过程中，究竟谁是被害人很难确定，甚至从某种程度上说是不能确定的，否则就有以刑事认定替代民事认定的问题。特别是在对行为人的行为定性后，如果民事认定的被害人与刑事认定的不同，是否还要对刑事判决进行改判？可见，以不确定的因素作为对行为人行为定性的依据本身就是不科学的。

其次，无论是以"最终受损失方"还是以"损失停留方"作为定性标准，事实上均可能出现对行为人行为的不同定性，即行为人的行为既可能构成合同诈骗罪，也可能构成贷款诈骗罪，这就必然导致同行为不同罪的情况出现。但是，在这类案件中，行为人所实施的诈骗行为完全一样，并没有因为受损失方的变化而有所区别。由此可见，对于相同的行为以不同犯罪

---

1. 参见任卫华：《当前刑事审判工作中若干重大法律适用问题解读》，载《上海审判实践》2007 年第 7 期。

定性，显然不符合刑法基本原理。

最后，从行为人的目的及主要欺骗手段分析，在这类案件中，行为人的目的是占有金融机构的贷款，欺骗别人为其贷款提供担保只是骗取金融机构贷款的一种手段，其行为实质还是骗取金融机构的信任，占有贷款。由此看来，金融机构处于被骗者的地位是显而易见的，至于金融机构是否要承担民事责任其实并非刑事判决所要考虑的问题。笔者认为，在贷款诈骗案件中，被骗者与民事责任承担者并非一定要求一致。被骗损失方是谁不应该成为对行为人行为定性的决定因素，事实上，即使是被骗提供担保者承担了损失，也无法改变行为人骗取占有金融机构贷款的客观事实。依笔者之见，刑事上对于行为人行为的定性，主要是看行为人的行为和主观方面，而不在于分析当事人之间的法律关系。对行为人而言，无论被骗者是谁，只要其主观上具有占有金融机构贷款的目的，客观上实施了欺骗金融机构的行为，均可以构成贷款诈骗罪。至于最终谁是实际损失的承担者并承担民事责任，则应该由民事判决加以确认。

四、单位贷款诈骗行为的定性

《刑法》第30条规定，公司、企业、事业单位、机关、团体实施的危害社会的行为，法律规定为单位犯罪的，应当负刑事责任。可见，我国刑法是以惩罚自然人犯罪为原则，以惩罚单位犯罪为例外，即单位犯罪应该以《刑法》明文规定为前提，《刑法》没有规定的，单位不能成为该罪的犯罪主体。由于《刑法》第193条关于贷款诈骗罪的规定，没有明确规定单位可以成为本罪的主体，这就意味着，单位不能成为贷款诈骗罪的主体。

近几年来，贷款诈骗罪的犯罪主体表现出多样性特征。由于银行和其他金融机构贷款的对象在相当长的时间内主要是单位，自然人并不多，因此实施贷款诈骗行为的主体主要为单位。为此，《刑法》颁布后，不断有学者对《刑法》关于贷款诈骗罪的规定中未将单位作为犯罪主体的做法提出质疑。如有人提出：为什么《刑法》规定单位可以构成信用证诈骗罪、集资诈骗罪等金融诈骗犯罪的主体，但却不能构成贷款诈骗罪的主体，这确实令人费解。[1] 事实上，单位实施贷款诈骗的情况不仅可能，而且在司法实践中并不罕见。例如，有的单位出于非法占有的目的，利用假报表等手段骗取贷款；有的在向银行或者其他金融机构贷款后，以破产等为由废债逃债；有的通过所谓企业改制而减免、废除银行债务。笔者认为，《刑法》第193条之所以没有规定单位犯罪问题，主要还是受某些习惯观念的影响，因为以前向银行或者其他金融机构贷款的单位主要是国有企业，如果将单位列为贷款诈骗罪的主体，很可能会扩大打击面。

---

1. 参见莫开勤：《贷款诈骗罪立法评说》，载赵秉志主编：《新千年刑法热点问题研究与适用》(下)，中国检察出版社2001年版，第1152页。

笔者认为，在市场经济条件下，《刑法》不将单位规定为贷款诈骗罪的主体显然是不妥当的，也明显不符合司法实践的需要。因为时下的银行和其他金融机构均进行了改制，许多银行从一般的国有银行改制为商业银行，贷款的安全直接影响到银行和其他金融机构的经营状况。无论什么单位（包括国有企业）占有贷款，均会直接损害银行和其他金融机构的利益。另外，如果司法实践中不对单位贷款诈骗行为进行打击，还可能引发许多单位为了占有银行和其他金融机构的贷款而实施贷款诈骗行为的问题。因此，《刑法》应尽快对有关贷款诈骗罪的规定进行修订，将单位列为贷款诈骗罪的主体，以适应司法实践的需要。

目前，理论上对于单位应该成为贷款诈骗罪的主体已经没有争议，但是对于单位确实以非法占有为目的，骗取银行和其他金融机构贷款的情况是否应构成犯罪并追究刑事责任，理论上和实践中有很多争议。

第一种观点认为，对于单位不能以贷款诈骗罪论处，但对于单位的直接负责的主管人员和其他直接责任人员可以按照贷款诈骗罪追究刑事责任。首先，这种行为既是单位的行为，也是有关个人的行为，具有双重性，立法者基于刑事政策的考虑，在有的时候可以"赦免"单位的刑事责任，而仅仅追究有关个人的刑事责任。其次，我国现行《刑法》虽然规定单位犯罪，但并不采取双罚制，而是单罚制。最后，《刑法》第193条并没有将为了单位利益诈骗贷款排除在犯罪之外。因为对于非法占有，不能仅仅理解为只是非法占为己有，还可是非法占为他人所有或者非法占为单位所有。[1]

第二种观点认为，对单位不能以贷款诈骗罪论处，而且对其直接负责的主管人员和其他直接责任人员也不能追究刑事责任。因为追究直接负责的主管人员和其他直接责任人员的刑事责任是以单位构成犯罪为前提的，如果单位不构成贷款诈骗罪，对其直接负责的主管人员和其他直接责任人员按贷款诈骗罪追究刑事责任显然没有任何依据。[2]

第三种观点认为，对单位及其直接负责的主管人员和其他直接责任人员都不能以贷款诈骗罪追究刑事责任，但如果构成其他犯罪的，可以其他犯罪论处。[3]

笔者赞同上述第三种观点。第一种观点明显不合理，因为单位实施贷款诈骗，但对于单位不能以贷款诈骗罪论处，当然也就不能以贷款诈骗罪追究单位的直接负责的主管人员和其他直接责任人员的刑事责任。追究单位直接负责的主管人员和其他直接责任人员的刑事责任，其前提条件是单位可以成为贷款诈骗罪的犯罪主体，而现在这一条件不存在。对主管人员和直接责任人员以贷款诈骗罪定罪量刑，不符合罪刑法定和罪责自

1. 参见周振晓：《金融诈骗罪三题》，载赵秉志主编：《新千年刑法热点问题研究与适用》（下），中国检察出版社 2001 年版，第 1088 页。
2. 参见莫开勤：《贷款诈骗罪立法评说》，载赵秉志主编：《新千年刑法热点问题研究与适用》（下）中国检察出版社 2001 年版，第 1153 页。
3. 参见莫开勤：《贷款诈骗罪立法评说》，载赵秉志主编：《新千年刑法热点问题研究与适用》（下）中国检察出版社 2001 年版，第 1153 页。

负的原则。这一点在《全国法院审理金融犯罪案件工作座谈会纪要》中得以明确：对于单位实施的贷款诈骗行为不能以贷款诈骗罪定罪处罚，也不能以贷款诈骗罪追究直接负责的主管人员和其他直接责任人员的刑事责任。第二种观点也有值得商榷之处，它以单位不能成为贷款诈骗罪的主体为依据，认为不能追究单位及其直接负责的主管人员和其他直接责任人员的刑事责任，显然有偏颇之处。因为不以贷款诈骗罪追究单位及其直接负责的主管人员和其他直接责任人员的刑事责任，并不意味着不能追究单位其他犯罪的刑事责任。

笔者认为，对于单位贷款诈骗完全可以按合同诈骗罪定罪处罚。正如《全国法院审理金融犯罪案件工作座谈会纪要》指出的："在司法实践中，对于单位十分明显地以非法占有为目的，利用签订、履行借款合同诈骗银行或其他金融机构贷款，符合刑法第二百二十四条规定的合同诈骗罪构成要件的，应当以合同诈骗罪定罪处罚。"

对单位贷款诈骗行为以合同诈骗罪论处，在理论上没有障碍，因为贷款诈骗罪与合同诈骗罪在刑法理论上属于法条竞合关系，即合同诈骗相对于贷款诈骗是普通法条，而贷款诈骗是特别法条，两者具有包容关系。对于法条竞合，理论上一般认为应遵循特别法条优于普通法条原则，即如果行为人的行为既符合特别法条的规定，又符合普通法条的规定，应优先适用特别法条，除非按普通法条的规定处罚为重的。如果行为人的行为不符合特别法条的规定，但却符合普通法条的规定，则应按普通法条追究行为人的刑事责任。因此，对单位贷款诈骗，由于《刑法》未规定单位可以成为贷款诈骗罪的主体，不能按照贷款诈骗罪追究单位的刑事责任，但《刑法》对于合同诈骗罪则明文规定单位可以成为该罪的犯罪主体，同时，由于单位贷款诈骗行为往往是单位利用借款合同实施的，单位在签订、履行借款合同过程中，骗取金融机构钱款，数额较大的，完全符合合同诈骗罪的构成要件，所以，以合同诈骗罪追究单位及其直接负责的主管人员和直接责任人员的刑事责任也是合情合理的。这既符合罪刑法定原则，也与我国刑法理论上处理法条竞合的原则不相矛盾。

2014年4月24日全国人大常委会《关于〈中华人民共和国刑法〉第三十条的解释》规定："公司、企业、事业单位、机关、团体等单位实施刑法规定的危害社会的行为，刑法分则和其他法律未规定追究单位的刑事责任的，对组织、策划、实施该危害社会行为的人依法追究刑事责任。"

根据该解释的规定，公司、企业、事业单位、机关、团体等单位实施刑法规定的危害社会的行为，刑法分则和其他法律未规定追究单位的刑事责任的，对组织、策划、实施该危害社会行为的人依法追究刑事责任。也就是说，对于单位实施的危害社会的行为，如果要按照自然人犯罪来认定，其前提必须是"刑法分则和其他法律未规定追究单位的刑事责任的"。在此，需要特别指出的是，"刑法分则和其他法律未规定追究单位的刑事责任的"并不等于"规范这一特定犯罪行为的刑法条文没有规定单位可以构成犯罪主体的"。具体而言，在前者的条件下，对于单位所实施的危害社会的行为，是否应当将其以自然人犯罪认定，应当着眼于整个刑法分则和其他法律。也就是说，首先应当考察规范这一特定危害社会行为的刑法条文有无规定单位可以构成此罪，如果单位可以构成，就按照此罪的单位犯罪处理，如果单位不能构成，还应当兼顾刑法分则中的其他条文以及其他法律条文，进一步考察能否按照其他条文的单位犯罪来处理；而在后者的条件下，对于单位实施的危害社会的行为，刑法是否应当将其以自然人犯罪认定，则仅仅只要考察规范这一特定危害行为的刑法条文本身即可，如果这一刑法条文规定单位可以构成本罪，就按照此罪的单位犯罪处理，如果这一刑法条文没有规定单位可以构成本罪，就直接按照自然人犯罪处理，不用另行考察刑法分则其他条文或者其他法律条文的规定。

通过以上对比论述，我们不难得知，《关于〈中华人民共和国刑法〉第三十条的解释》并没有局限于单个具体的刑法条文本身，进而"一刀切"式地解决单位实施纯正自然人犯罪的问题，而是将刑法分则与其他法律作为一个整体考察，只有在依据这个整体都没有办法对单位实施的危害行为以单位犯罪论处的情况下，才能按照自然人犯罪处理。

具体到单位为了本单位利益实施的贷款诈骗行为，根据《关于〈中华人民共和国刑法〉第三十条的解释》的规定，首先应当考察贷款诈骗罪的刑法条文，由于《刑法》第193条没有规定单位可以构成贷款诈骗罪，此时应当放眼整个刑法分则条文和其他法律条文，进一步考察单位贷款诈骗行为能否按照其他罪名追究单位的刑事责任。《全国法院审理金融犯罪案件工作座谈会纪要》则恰好为我们提供了一条契合刑法基本理论、符合罪刑法定原则的处理路径，将其中符合合同诈骗罪构成要件的，按照合同诈骗罪追究单位的刑事责任。基于此，笔者认为，在内容上，《全国法院审理金融犯罪案件工作座谈会纪要》与《关于〈中华人民共和国刑法〉第三十条的解释》之间并不矛盾，而且符合《关于〈中华人民共和国刑法〉第三十条的解释》的内在要求。

第三章

票据诈骗罪及其司法认定

　　随着市场经济的建立和发展，仅以货币作为支付手段已不能适应当今经济活动发展的需要。由于在经济活动中行为人出于保障自己利益的需要，一般都不愿先履行义务，因此，往往会导致许多经济活动无法顺利进行。由此，需要一种新的支付手段解决权利让渡和货币支付相分离的问题，于是票据作为一种信用工具应运而生。以票据为信用工具既无需货币直接介入，又可以保证买卖顺利进行和资金的安全周转。目前，票据已从商业票据发展到商业票据和银行票据并存，在商品经济中所起的作用也越来越大。可以说，票据已经成为当今社会经济活动中必不可少的金融工具，它以高效安全的特点发挥了加速资金周转与促进商品流通的重要作用。票据诈骗犯罪是票据活动的负面产物，它随着票据制度的产生、发展而产生、发展。

可以说，没有票据及相应的票据结算制度，就不可能有票据诈骗犯罪。我国所发生的金融犯罪案件，多数与票据这一重要的金融工具有关，而且其中表现较为突出、社会危害性较为严重的主要是票据诈骗罪。

第一节　票据诈骗罪的立法依据及其构成要件

一、票据诈骗罪的立法依据

票据是指出票人依据票据法签发的，约定由自己或者委托他人于见票时或者确定的日期，向持票人或者收款人无条件支付一定金额的有价证券。在法律上，票据有广义和狭义之分。狭义的票据仅指汇票、本票、支票。我国《票据法》第2条规定："本法所称票据，是指汇票、本票和支票。"广义的票据是指能使财产证券化并具有支付功能的所有证券，除了汇票、本票、支票外，还包括发票、提单、仓单、保函等。《刑法》上采用狭义的票据概念。票据作为现代经济生活中必不可少的信用支付工具，极大地促进了商品要素的流通。票据活动成为世界金融活动的重要组成部分。为了保证票据制度正常运行，各国和地区都将严重的票据欺诈行为规定为犯罪。但是，世界各国和地区有关票据诈骗犯罪所作的规定，在立法体例、犯罪构成要件以及犯罪类型的归属等方面并不完全相同。鉴于票据诈骗犯罪的日益严重，将票据诈骗罪逐步从一般诈骗犯罪中分离出来独立成罪，已成为世界各国和地区刑事立法的一种趋势。

由于我国在改革开放前长期实行计划经济体制，财政信贷管理制度高度集中，因此，在信用上取消了商业信用，集信用于国家银行；在结算上取消了多种结算方式及流通工具，实行服务于指令性计划的几种固定结算方式。票据作为结算工具，仅用于同城结算，而且仅限于支票，在国内取消了汇票和本票，汇票的使用仅限于国际贸易。因此，与票据有关的犯罪，特别是票据诈骗罪也无从谈起。

在这种背景下，我国1979年《刑法》当然不可能将票据诈骗罪独立设罪，所涉及票据犯罪的规定只有伪造支票的犯罪，并将其规定在伪造有价证券罪之中。1979年《刑法》第123条规定："伪造支票、股票或者其他有价证券的，处七年以下有期徒刑，可以并处罚金。"在较长一段时期内，我国司法实践中出现的票据诈骗犯罪，除部分按照伪造有价证券罪定罪处罚，其余只能以诈骗罪定罪处罚。中共十一届三中全会后，我国开始了金融体制的重大改革，建立票据制度是其中的一项重要内容。1981年，经中国人民银行批准，上海、辽宁和四川等省市开始试办票据承兑贴现业务。1984年，中国人民银行发布《商业汇票承兑贴现暂行办法》，规定在全国商业银行范围内开展汇票承兑贴现业务。1987年，中国人民银行、中国工商银行、中国银行、中国建设银行联合发布了《华东三省一市票汇结算试行办法》。1988 年，中国人民银行颁布《银行结算办法》，[1] 全面推广使用银行汇票、商业汇票、银行本票、支票，同时规定允许个人使用支票。1995 年第八届全国人大常委会第十三次会议讨论通过了《票据法》，于 1996 年 1 月 1日施行，并于 2004 年修正。由此，我国的票据制度逐步建立和完善起来。票据诈骗行为可以说是与票据制度的建立和完善相伴而生的。没有票据制度，就不可能有票据诈骗犯罪。《票据法》第 102 条规定，有下列票据欺诈行为之一的，依法追究刑事责任：（1）伪造、变造票据的；（2）故意使用伪造、变造的票据的；（3）签发空头支票或者故意签发与其预留的本名签名式样或者印鉴不符的支票，骗取财物的；（4）签发无可靠资金来源的汇票、本票，骗取资金的；（5）汇票、本票的出票人在出票时作虚假记载，骗取财物的；（6）冒用他人票据，或者故意使用过期或者作废的票据，骗取财物的；（7）付款人同出票人、持票人恶意串通，实施前六项所列行为之一的。但是，《票据法》的规定从性质上讲属于非刑事法律中的附属刑法规范，它的适用还依赖于刑事法律的配套与落实。

为了打击金融犯罪，《票据法》颁布后仅一个多月，1995年 6 月 30 日全国人大常委会就出台了《关于惩治破坏金融秩序犯罪的决定》。该决定第 12 条第 1 款列举了以下几种票据

---

1. 该办法已于 1997 年 6 月 4 日被中国人民银行废止。

诈骗行为：（1）明知是伪造、变造的汇票、本票、支票而使用的；（2）明知是作废的汇票、本票、支票而使用的；（3）冒用他人的汇票、本票、支票的；（4）签发空头支票或者与其预留印鉴不符的支票，骗取财物的；（5）汇票、本票的出票人签发无资金保证的汇票、本票或者在出票时作虚假记载，骗取财物的。第2款规定，使用伪造、变造的委托收款凭证、汇款凭证、银行存单等其他银行结算凭证的，依照前款的规定处罚。从量刑幅度看，该决定规定了三档量刑幅度：数额较大的，处五年以下有期徒刑或者拘役，并处二万元以上二十万元以下罚金；数额巨大或者有其他严重情节的，处五年以上十年以下有期徒刑，并处五万元以上五十万元以下罚金；数额特别巨大或者有其他特别严重情节的，处十年以上有期徒刑、无期徒刑或者死刑，并处没收财产。从犯罪的主体看，该决定规定了单位犯罪。该决定第12条第3款规定，单位犯前两款罪的，对单位判处罚金，并对直接负责的主管人员和其他直接责任人员，依照第1款的规定处罚。1997年《刑法》明确将票据诈骗罪独立设罪并原封不动地保留了上述决定列举的五种票据诈骗行为，但对量刑幅度和单位犯罪作了一定的调整。1997年《刑法》第194条规定："有下列情形之一，进行金融票据诈骗活动，数额较大的，处五年以下有期徒刑或者拘役，并处二万元以上二十万元以下罚金；数额巨大或者有其他严重情节的，处五年以上十年以下有期徒刑，并处五万元以上五十万元以下罚金；数额特别巨大或者有其他特别严重情节的，处十年以上有期徒刑或者无期徒刑，并处五万元以上五十万元以下罚金或者没收财产……"第199条规定："……数额特别巨大并且给国家和人民利益造成特别重大损失的，处无期徒刑或者死刑，并处没收财产。"[1]2011年《刑法修正案（八）》施行后，《刑法》第200条规定，单位犯票据诈骗罪的，"对单位判处罚金，并对其直接负责的主管人员和其他直接责任人员，处五年以下有期徒刑或者拘役，可以并处罚金；数额巨大或者有其他严重情节的，处五年以上十年以下有期徒刑，并处罚金；数额特别巨大或者有其他特别严重情节的，处十年以上有期徒刑或者无期徒刑，并处罚金"。《刑法修正案（八）》取消了票据诈骗罪死刑的法定刑设置，这符合全球金融市场法治实践的趋势。

二、票据诈骗罪客观要件及其认定

根据《刑法》第194条的规定，票据诈骗罪在客观方面具体表现为五种行为。

（一）明知是伪造、变造的汇票、本票、支票而使用的

使用明知是伪造、变造的汇票、本票、支票进行诈骗活动，是票据诈骗罪在客观方面最主要的表现形式之一。从理论

1　该条已被《刑法修正案（九）》删除。

上说，此处的"使用"，必须是以能够实现法定的票据功能、用途的方式使用的行为。换言之，只有可以用票据进行支付结算等经济行为的才属于这里的"使用"。由于在金融业务活动中，票据具有汇兑、信用、支付、结算、融资等功能，因此，这里的"使用"显然应该包括使用伪造、变造的票据进行汇兑、信用、支付、结算、融资等金融活动。

对于票据诈骗罪中"使用"这一行为是否包括间接使用，在理论上和实践中均存在不同的观点。有学者认为，此处的"使用"，是指以非法占有他人资金或者财物为目的，以伪造、变造的票据冒充真实票据，进行诈骗活动的行为。从理论上讲，这种"使用"既应包括直接利用伪造、变造的票据骗取他人资金或财物，也应包括利用伪造、变造的票据作为担保骗取他人财物。[1] 也有学者认为，在本罪的立法以及其他金融诈骗罪立法都缺乏明确性的情况下，本罪所谓"使用"的行为应通过立法解释限定在"直接使用"的范围内。[2]

笔者赞同上述第二种观点。因为票据诈骗罪中的使用行为是否包括间接使用的内容，可以从对票据诈骗罪侵犯的主要客体角度分析得出结论。依据刑法基本原理，犯罪客体决定犯罪的性质，如果某一行为并未直接对刑法所保护的社会关系造成

---

1. 参见马克昌主编：《经济犯罪新论——破坏社会主义经济秩序罪研究》，武汉大学出版社 1998 年版，第 262 页。
2. 参见刘生荣、但伟主编：《破坏市场经济秩序犯罪的理论与实践》，中国方正出版社 2001 年版，第 168 页。

侵犯，就不能构成某种特定的犯罪。由于票据诈骗罪侵犯的主要客体为票据管理秩序，因此，只有直接对票据管理秩序造成侵犯的行为才可能构成票据诈骗罪。事实上，以伪造、变造的票据作虚假担保等行为并不涉及票据关系和票据权利，所侵犯的是被担保的经济关系，而不是票据管理秩序。就此而言，尽管以伪造、变造的票据作担保骗取他人财物也是一种利用伪造、变造的票据进行诈骗的行为，但是，由于这种行为并不直接侵犯票据管理秩序，因此，不能构成票据诈骗罪。司法实践中，对以伪造、变造的票据作虚假担保等行为，可以根据具体行为的内容分别以贷款诈骗罪、合同诈骗罪等诈骗类犯罪论处。

另外，票据诈骗罪中的使用行为是否包括将伪造、变造的票据作虚假背书转让的行为，也是一个很值得讨论的问题。有学者认为，在伪造的票据上虚假背书，显然应该是双重伪造行为，但并不存在实际使用行为。因此，虚假背书转让伪造票据，并不属于使用伪造票据犯罪范畴，而是伪造票据犯罪问题。例如某甲以他人为出票人、以自己为收款人签发了一张汇票，然后又背书给某乙，以偿还自己的债务。在此案中，某甲在同一张汇票上既实施了出票伪造，又实施了背书伪造，应该认定为伪造票据犯罪，而非票据诈骗犯罪。使用变造票据的行为人包括票据当事人和非票据当事人。非票据当事人将变造的票据背书转让给他人，可能涉及票据背书伪造行为。因为根据《票据法》，变造的票据是真实的票据，在真实票据上非法背书构成伪造票据行为。而票据当事人将变造的票据背书转让给他人，并不涉及票据背书伪造行为。因为根据《票据法》的规定，其背书转让票据的行为是合法的。[1]

笔者认为，以伪造、变造的票据作虚假背书转让行为理应属于票据诈骗罪中的使用行为，而不应属于伪造金融票证行为。其理由是，票据法上的概念与刑法上的概念并不一定完全一致，不能简单地加以套用。在认定犯罪时，应以《刑法》的具体规定为依据。由于在金融活动中，票据转让一般采用背书形式，而根据票据法律基础知识，在真实的票据上冒用票据当事人进行背书属于背书伪造行为。但是，这种伪造行为仅仅是针对背书而言，在刑法中这种行为被列入"冒用"的范围而并没有被列入"伪造"的范围。《刑法》对伪造、变造票据的行为专门设立了伪造、变造金融票证罪，但这一罪状中所指的伪造、变造，仅指对票据本身的伪造或变造，而并没有将伪造背书的行为归入其中。由于在这种情况下，行为人对背书的伪造、变造行为是以实际存在伪造、变造的票据为前提的，相关的背书伪造、变造行为事实上是对伪造、变造票据的实际使用，因此，从理论上分析，应该将虚假背书行为视为使用行为，即如果行为人在伪造、变造的票据上进行虚假背书转让的，理应属于使用行为而可能构成票据诈骗罪。

---

1. 参见刘华：《票据诈骗犯罪若干问题研究》，载《政治与法律》2000 年第 6 期。

（二）明知是作废的汇票、本票、支票而使用的

对票据诈骗罪上述客观方面的行为表现，除使用行为笔者已经作过讨论外，理论和实践中主要围绕"作废的汇票、本票、支票"的范围与内涵展开研究。对于"作废"票据的范围，理论上有几种不同的观点。有人认为，作废的票据是指根据法律和有关规定不能使用的金融票据，它既包括《票据法》规定的过期票据，也包括无效及被依法宣布作废的票据。[1] 有人则认为，所谓作废的票据是指按照票据法律法规规定不能使用的票据，包括已经实现付款请求权的票据、《票据法》规定的无效票据、银行宣布停止使用的票据和超过票据权利时效的过期票据四类。[2] 也有人认为，作废的票据主要包括以下几种：其一，无效的票据；其二，过期票据；其三，破产、倒闭、解散或被依法撤销的企业的本应及时上缴或销毁，但因种种原因而未被及时上缴或销毁，继续存留在有关人员手中的支票等票据；其四，银行等金融机构根据国家规定予以作废的票据，如国家规定更换票据版本，而不得再使用的旧的票据；其五，依《民事诉讼法》中的公示催告程序作出除权判决的票据。[3] 还有人认为，据《现代汉语词典》解释，"作废"是指因失效而作废。可见，"作废"有一

---

1. 参见王晨：《诈骗犯罪研究》，人民法院出版社 2003 年版，第 126 页；孙军工：《金融诈骗罪》，中国人民公安大学出版社 2003 年版，第 74 页。
2. 参见刘华：《票据犯罪研究》，中国检察出版社 2001 年版，第 174 页。
3. 参见王作富主编：《刑法分则实务研究》，中国方正出版社 2001 年版，第 570 页。

个从有效到失效的发展变化过程，如果自始至终均无法律效力，则无所谓作废的问题。由此，作废的票据只能包括付款请求权已经实现的票据、过期的票据和被依法宣布作废的票据三类。[1]

分析上述观点，不难发现，对于票据诈骗罪中的"作废"票据范围与内涵的争议主要集中在以下几个问题。

1. 无效票据是否属于作废票据？

笔者同意上述最后一种观点，即无效票据不能成为作废的票据。我国《票据法》并未明确规定无效票据的具体含义，但从一般意义上讲，所谓无效票据，当然应该是指那些不能发生法律效力的票据。据此而言，无效票据从实质上分析并不是真正的票据，它们不能作为票据权利的载体，亦即不能作为有价证券这样一个特殊的"物"而存在，实际上只能作为可记载一定内容的普通纸张等一般的"物"而存在。换言之，如果一份票据有效，那么它就是作为有价证券的票据，可以依其行使票据权利；如果以后失效了，则应视为作废的票据。但是，一份"票据"如果从一开始就是无效的，那么它就根本不是法律意义上的票据，当然不能依其行使任何票据权利。正是因为无效票据从一开始就不是票据，所以，无效票据也就不可能成为票据诈骗罪中的作废票据。

---

1. 参见李文燕主编：《金融诈骗犯罪研究》，中国人民公安大学出版社2002年版，第139—140页。

2. 因破产等原因被注销的企业的本应及时上缴或销毁而没有上缴或销毁的票据是否属于作废的票据?

笔者认为,这些所谓的"票据"显然不属于作废票据的范围。其理由是,因为破产、倒闭、解散或被依法撤销的企业的本应及时上缴或销毁,但因种种原因而未及时上缴或销毁,继续存留在有关人员手中的支票等所谓"票据",其实质应该是票据用纸,而不能将其视为作为有价证券的票据。根据票据法基本原理,票据是设权证券、文义证券,行为人要使用这些应上缴或销毁而没有上缴或销毁的票据(用纸)进行诈骗,必须首先在票据(用纸)上通过文义设立票据权利,即在票据(用纸)上记载一定的内容,只有票据上记载的文义才是判断票据权利的根据。由于在行为人通过文义设立票据权利之前,并不存在所谓的有效"票据",因此,也就不存在所谓从有效到失效的转化过程。如果行为人利用这些应上缴或销毁的票据(用纸)记载一定的内容进行诈骗,事实上该票据已经属于伪造的票据而不是作废的票据。就此而言,笔者认为,因破产等原因被注销的企业的本应及时上缴或销毁而没有上缴或销毁的票据,究其实质只是空白的票据(用纸),根本不属于有价证券中的票据,因而也就不能将其视为作废的票据。

3. 银行等金融机构宣布作废或者停止使用的票据是否属于作废的票据?

对此,在理论上,大多数学者主张将其视为作废的票据。笔者对此不能赞同,理由是:正如前述,判断某一"物"是否属于作废的票据，关键在于其相关的票据权利是否存在从有效到失效的过程。也即使用作废的票据，其实质是行使已不存在的票据权利，而并非使用已经无效的票据（用纸）。银行等金融机构宣布作废或者停止使用的票据实际上只是票据（用纸），由于并没有通过文义设定过任何票据权利，因此，从本质上说不具有有价证券中票据的特征，将其视为作废的票据存在明显的不合理性。实践中，如果行为人在银行等金融机构宣布作废或者停止使用的票据上通过文义设立虚假票据权利进行诈骗的，应该将这一行为归入票据诈骗罪"使用伪造的票据"客观行为之中。

综上所述，笔者认为，票据诈骗罪中所谓"作废的票据"与"伪造的票据"最主要的区别在于是否实际存在过票据权利的设定。作废的票据存在从有效到失效的过程，而伪造的票据则不存在有效的前提。在票据（用纸）上虚假设立票据权利而成的票据，只能视为伪造的票据而不能视为作废的票据。以此为标准，我们可以对以下几种票据进行分析：其一，已实现付款请求权的票据应该属于作废的票据。已经实现付款请求权的票据，因票据债务履行，票据权利实现，票据所代表的债权债务关系消灭而失去效力，其本身存在从有效到失效的过程，因而当然属于作废的票据。其二，由法院作出除权判决的票据属于作废的票据。所谓除权判决，是在票据丢失或者被盗的情况下，由票据权利人向人民法院提出申请宣布该票据无效，以便行使票据权利，法院经过一定的期限，在没有利害关系人申报权利的情况下，作出的宣布该票据无效的判决。就此而言，除权判决在本质上是宣告票据权利与票据本身相分离，使票据失去效力的判决。正因为除权判决使票据权利与票据相分离，票据权利人便可持该判决行使原本应凭票据而行使的票据权利。也就是说，除权判决使该票据上所记载的票据权利消灭。这一过程显然符合从有效到失效的要求，因此，将该票据视为作废的票据是完全合理的。其三，已过期的票据也应该属于作废的票据。首先，这个问题实际上是因为《刑法》与《票据法》立法之间的冲突或不协调所产生的。1995 年 6 月 30 日全国人大常委会《关于惩治破坏金融秩序犯罪的决定》确立票据诈骗罪时，《票据法》尚未生效，立法者使用了"明知是作废的汇票、本票、支票而使用"的表述，其后生效的《票据法》明确规定"故意使用过期或者作废的票据，骗取财物的"，应追究刑事责任。这显然将"过期"和"作废"分开规定。但是，1997 年《刑法》修订时未参照《票据法》内容将"过期"和"作废"分开规定。从《刑法》立法原意分析，显然应该将《票据法》规定要追究刑事责任的"使用过期票据"的行为，归入《刑法》第 194 条"使用作废的票据"的行为中。这样既解决了《刑法》与《票据法》不协调的问题，又符合人们习惯上将过期票据等同于作废票据的观念。其次，所谓过期的票据，是指因超过法定的票据时效期限而致票据权利在法律上宣告消灭的票据。由于过期的票据实际上存在票据权利设定的情况，即客观上存在从有效到失效的过程，因此，我们不能将过期的票据解释成票据用纸。《票据法》第18条规定："持票人因超过票据权利时效或者因票据记载事项欠缺而丧失票据权利的，仍享有民事权利，可以请求出票人或者承兑人返还其与未支付的票据金额相当的利益。"可见，过期票据已丧失了票据权利，票据权利的消灭时效是一种短期时效，同时，它独立于票据原因关系债权的消灭时效。[1] 即此种票据不发生任何效力，所谓的仍享有民事权利，并不是因票据而享有的民事权利，而是因当事人的基础交易行为产生的。所以，过期票据本身并无任何权利，更不可能合法使用，如果对其加以使用，当然可以构成票据诈骗罪。

（三）冒用他人的汇票、本票、支票的

根据《刑法》第194条，冒用他人的汇票、本票、支票进行诈骗活动是票据诈骗罪的客观行为表现之一。所谓冒用他人的票据，是指行为人擅自以合法持票人的名义，支配、使用、转让自己不具备支配权利的他人的汇票、本票、支票的行为。[2] 票据作为一种有价证券，是完全的有价证券，即票据权利的产生、转让与交付都以票据的存在为必要。票据权利和票据是不可分割的，出票人依法交付票据时，持票人即取得了票据权利。当然，基于票据权利和票据的不可分割性，如果以窃取或

---

1. 参见强力：《金融法》，法律出版社1997年版，第400页。
2. 参见李文燕主编：《金融诈骗犯罪研究》，中国人民公安大学出版社2002年版，第141页。

其他途径取得他人的票据，如代为保管或者拾得他人遗失的票据，也存在冒充合法的持有人享有票据权利的可能。

1. 冒用他人票据的含义及特征

在理论上，对何为冒用他人的票据有不同的解释：其一，冒用他人票据，是指行为人擅自以合法持票人的名义，支配、使用、转让自己无权支配的合法持票人的票据的行为；其二，冒用是指无权利人在缺乏法律依据或者没有得到他人授权的情况下，利用真正票据权利人的票据，获取资金和商品等财物；其三，冒用票据行为是指非票据权利人假冒票据权利人，行使其票据权利骗取财产的行为。

综上所述，认为冒用的特征在于假冒票据权利人的身份、擅自利用权利人的名义，这显然是一种共识，即学者对于"冒"的理解是一致的。但在"用"的看法上则有不同意见。笔者认为，冒用他人的票据行为具有如下特征。

其一，冒用的前提是有他人票据的存在。对于这里的"他人票据"是否包括他人伪造、变造或者作废的票据，理论上有不同意见。有学者认为，通常情况下，行为人使用的票据是他人合法有效的票据，但这是一种现象，而不是法定的构成要件，因此不排除在特殊情况下，冒用他人伪造、变造、作废的票据的可能性。《刑法》第194条并没有也没有必要要求行为人冒用他人票据时必须明知该票据是真实、有效的票据。[1]笔

1　参见赵秉志主编：《金融诈骗罪新论》，人民法院出版社2001年版，第239页。

者不赞同这一观点。依笔者之见，这里所谓的"他人票据"必须是真实、有效的票据，也即此票据已被他人通过文义设立了票据权利，否则就失去了冒用的前提。由于他人伪造、变造或者作废的票据并不存在实际的票据权利，因此行为人实际上不存在"冒"的行为，而只有"用"的行为，在此情况下的"用"只能属于票据诈骗罪中的使用伪造、变造的票据或者使用作废的票据行为。当然，这里所说的他人真实有效的票据，是以冒用者的主观认识为标准，而不是以他人票据的实际情况为根据。也即只要冒用者主观上认为他人的票据是真实、有效的票据，并实施了冒用行为，就可构成冒用型票据诈骗罪，至于票据实际情况如何不影响对冒用行为的定性。

其二，冒用他人票据行为的突出表现是行为人在他人不知道的情况下，以他人的名义行使票据权利。

其三，票据诈骗罪最本质的特征在于通过实施诈骗行为侵犯票据权利人的票据权利，这集中反映在对他人票据权利的滥用。因此，冒用他人的票据中的"用"应以"行使票据权利"解释为宜。在这一点上，前述第三种观点显然较为合理、正确。笔者认为，冒用票据行为与伪造票据行为的最主要区别在于：行为针对的是票据还是票据权利。如果在他人票据上进行非法记载，则有可能同时构成伪造金融票证罪或者变造金融票证罪；如果将他人票据作为财产凭证直接交付他人用以偿还债务，则是冒用他人票据。因为前者行为人在他人的票据上设立了虚假的票据权利，而后者行为人则是滥用了他人的票据权利。

2. 冒用行为与对象的认定

正是由于冒用行为的本质特征在于假冒票据权利人行使票据权利，因此，冒用行为只能表现为两种类型：假冒票据权利人行使票据权利，或者假冒票据权利人的代理人行使票据权利。这里必须突出行使票据权利的行为，即冒用行为中既有"冒"，也有"用"，但行使他人的票据权利则是具有决定意义的行为。必须指出的是，这里的"冒用"不包括行为人假冒票据权利人的名义在票据上签章的行为。因为根据票据法原理，一张未经权利人签章的票据，实际上就意味着权利人没有设立票据权利，此时我们只能将其视为票据（纸张）。行为人假冒票据权利人的名义在票据上签章，本质上还是虚假设立票据权利的行为，因而属于伪造票据的性质。如果行为人以此进行诈骗活动，应以票据诈骗罪中使用伪造的票据行为认定，而不能以冒用他人的票据行为定性。笔者认为，这里的"冒用"理应包括行为人假冒权利人的名义背书转让的行为。因为在这种情况下，行为人假冒票据权利人背书转让的票据实际上已经设立了票据权利，也即属于他人真实、有效的票据，行为人背书转让行为显然只是行使票据权利的方式，因此，以冒用他人的票据行为定性较为合理。

另外，理论上和实践中对于冒用死亡人的票据是否构成冒用型票据诈骗罪的问题存在争议。有学者认为，对于冒用他人票据，《刑法》并没有规定他人的生命状况，而是强调被冒用人是票据权利人，所以在理论上应该包括有生命的票据权利人和无生命的票据权利人。[1] 也有学者认为，票据行为作为一种商事行为，尽管有不同于一般民事行为的特殊之处，但有一点却是共同的，即只要是参与票据行为的当事人，都必须具有票据权利能力和票据行为能力。票据权利能力始于自然人的出生，终止于自然人的死亡。由此，一个死亡人的票据权利自其生命终结之时已经不再属于该死亡人，而是自然转归其财产继承人。冒用死亡人的支票，对于冒用票据行为的认定的确不产生影响，但是此时被冒用的票据权利人并非死亡人，而是死亡人的财产继承人。[2]

笔者认为，冒用死亡人的票据同样也可以构成冒用型票据诈骗罪。从民商法角度分析，在票据权利人死亡后确实可能存在票据权利的转移问题。但是，这种票据权利的转移并不等同于票据权利的消失，且这种票据权利的转移并不能改变冒用者所冒用的票据仍然是他人真实、有效票据的性质。因此，行为人冒用死亡人票据的行为本质上还是对他人票据权利的滥用。至于此时的他人是指死亡人还是指死亡人的财产继承人，理应属于民商法而非刑法考虑的问题。从刑法角度分析，相对于冒用者而言，无论是死亡人还是死亡人的财产继承人均属于"他人"的范畴，只要是冒用他人真实、有效的票据就可构成冒用型票据诈骗罪。

---

1. 参见刘华：《票据犯罪研究》，中国检察出版社 2001 年版，第 186 页。
2. 参见田宏杰：《票据诈骗罪客观行为特征研究》，载《中国人民公安大学学报》2003 年第 3 期。

（四）签发空头支票或者与其预留印鉴不符的支票，骗取财物的

与票据诈骗罪前三项法定行为不同的是，以签发空头支票或者与其预留印鉴不符的支票骗取财物为手段的行为人是合法出票人，即行为人相关票据诈骗行为是利用其形式上的合法出票人身份，通过欺诈性出票得以实施的。为此，理论上有人将此类票据诈骗行为称为滥用型票据犯罪。从《刑法》的规定看，此类票据诈骗行为具体表现为以下两种形式。

1. 签发空头支票进行诈骗

根据《票据法》，支票是出票人签发的，委托办理支票存款业务的银行或者其他金融机构在见票时无条件支付确定的金额给收款人或者持票人的票据。在银行开立账户，是出票人签发支票的前提条件。申请人申请开立支票存款账户，必须使用其本名，并提交证明其身份的合法证件。开立支票存款账户和领用支票，应当有可靠的资信，并存入一定的资金。开立支票存款账户，申请人应当预留其本名的签名式样和印鉴。签发支票的出票人必须与付款人之间存在资金关系，禁止签发空头支票。因为支票是支付证券，见票即付，所以为确保支票即期支付功能的实现，《票据法》特别重视这种资金关系。

所谓空头支票，是指出票人签发的支票金额超过付款时在付款人处实有的存款金额的支票。根据《票据法》，使用支票必须在银行或者其他金融机构开立支票账户，也只有在银行开立支票存款账户，并注入一定的资金，才能领用支票。签发空

头支票在很大程度上会严重影响支票的信用，扰乱金融秩序，损害持票人的合法权益，破坏经济往来的正常进行。在票据业务中，空头支票主要包括以下三种情形：一是没有存款的空头支票，即出票人账户内没有存款余额，付款银行又未答应垫付而签发的支票；二是超过存款的空头支票，即出票人签发的票面金额超过账户存款金额的支票，或者签发的支票金额超过付款银行垫付的余额的支票；三是提回存款的空头支票，即出票人签发支票后提走付款银行内的支票账户存款使支票不能支付的支票。由此，在实践中判断是否为空头支票，不应简单地看出票人在出票时所签发的支票金额与其在付款人处的实有存款金额是否一致，而应以出票人在法定付款期限内是否向持票人实际支付票款为准。对签发空头支票的行为，世界各国和地区均强调要用法律加以制裁，但大多数以民事制裁和行政制裁为主。我国票据法对签发空头支票行为的制裁较为严厉，制裁形式以行政制裁和刑事制裁为主。《刑法》中也明确将签发空头支票骗取财物的行为列入票据诈骗罪的范畴。

应当指出的是，构成签发空头支票型票据诈骗犯罪，必须同时符合两个条件，即行为人实施了签发空头支票的行为，并利用签发的空头支票实际骗取了他人财物或者其他经济利益。即使行为人在签发支票时明知银行账户没有资金或者资金不足，但是，只要出票人在事后补足存款使持票人在法定的付款期内获得了票面所载的金额，例如，出票人在出票后付款前，在付款人处存入资金或者补足不足金额，或者出票人与付款人签有信用协议，付款人允许出票人透支等，在这种情况下，票据权利义务关系实际上没有遭到破坏，不能以签发空头支票型票据诈骗犯罪认定。

《刑法》第194条只规定了签发空头支票或者与其预留印鉴不符的支票，而对使用因此产生的价值基础不真实之票据的行为未作出明确的禁止性规定。有学者认为，此种行为因立法将主体限定为签发人，故使用的行为不能以犯罪论处，这就是对使用票据进行诈骗构成犯罪的限制。[1]笔者不赞同这种观点。这种行为虽然因行为人不是签发人而不符合签发空头支票型票据诈骗犯罪的特征，但应该符合使用伪造、变造票据型票据诈骗犯罪的要求。由于行为人受让别人签发的空头支票后，往往是在明知付款请求权难以实现，即难以找到出票人，即使找到后也很难通过追索获得赔偿、弥补损失的情况下，决定通过使用将损失转嫁他方，因此，这种情况下所产生的破坏性通常更大。不仅因持票人的转嫁使用而使签发人获得逃脱追究的机会，而且空头支票的流通会形成一串债务链，使原本稳定的危害弥漫于不特定的受让者人群。另外，从行为人的主观恶性分析，明知是无真实价值基础的票据而使用，与明知系作废的票据而使用其实并无实质性的差别。正如前述，已经签发的空头支票是无真实价值基础的票据，而且一开始就是无效的，这一点完全符合伪造、变造的票据的特征。由此，将使用他人签发

---

1. 参见崔志东、陈吉双：《票据诈骗罪研究》，载赵秉志：《新千年刑法热点问题研究与适用》(下)，中国检察出版社2001年版，第1231页。

的空头支票行为视为使用伪造、变造票据型票据诈骗犯罪是完全说得通的。

2. 签发与其预留印鉴不符的支票进行诈骗

《票据法》第82条规定："开立支票存款账户，申请人应当预留其本名的签名式样和印鉴。"第88条规定："支票的出票人不得签发与其预留本名的签名式样或者印鉴不符的支票。"所谓预留印鉴，是指银行开户人在申请开户时，留给银行供银行按照委托在其所设立的账户中支付款项时，核对、鉴定付款凭证、印章的底样。在向银行预留的印鉴上，要有申请人的签名式样和印鉴。签名式样和印鉴合称为签章。签章包括三种情况：一是签名；二是盖章；三是签名加盖章。出票人可以根据自己的情况，选择上述三种形式之一。具体到支票而言，出票人为法人或者非法人单位的，签章应当包括与该法人或者单位在银行预留签章一致的财务专用章或者公章，加上其法定代表人或者其授权的代理人的签名或者盖章；出票人为个人的，签章是指与该个人在银行预留签章一致的签名或盖章。所谓签发与其预留印鉴不符的支票，是指支票出票人在其签发的支票上加盖与其预先留存在银行或者其他金融机构处的印鉴不一致的签章。根据票据规则，对与出票人预留签名式样或印鉴不符的支票，付款人将认定支票要式欠缺，予以拒付，从而避免他人冒用支票骗取资金。不法分子利用这一点，在交易中故意签发与其预留印鉴不符的支票给对方，使其无法得到付款，达到骗取其财物的目的。所以，签发与其预留印鉴不符的支票如同签发空头支票一样，都是票据欺诈行为。

应该注意的是，签发与其预留印鉴不符的支票进行诈骗行为的主要特征是，出票人签发的印鉴与预留的印鉴不一致。但是，这种不一致需要时间上的限制，即应以持票人要求付款时为标准。如果出票人在出票时签发支票上的印鉴与出票人在付款处预留的印鉴不一致，但经变更后，在持票人要求付款时两印鉴一致了，就不能再以票据诈骗罪认定。如果出票人所签发支票的印鉴与付款时其在付款人处的预留印鉴不一致，就有可能存在票据诈骗问题。

我国《票据法》也禁止支票的出票人签发与其预留本名的签名式样不符的支票的行为，但是这种情况未在《刑法》第194条票据诈骗罪中具体列出。笔者认为，这一问题实际上是由《刑法》有关票据诈骗罪的规定与《票据法》的规定不协调所产生的。从理论上讲，无论是签发与其预留印鉴不符的支票，还是签发与其预留签名式样不符的支票，行为人的目的都在于使持票人遭到拒付。因此上述两种行为的性质完全相同，都属于票据欺诈行为，如果行为人以骗取财物为目的，行为达到犯罪程度的，理应构成票据诈骗罪。但是，如果从严格的罪刑法定原则的立场出发，签发与其预留签名不符的行为因《刑法》无明文规定而不能认定为犯罪。为此，笔者建议，我们应适时对《刑法》有关票据诈骗罪的规定作出修正，在此之前，则可通过立法或者司法解释将"预留本名的签名式样"归入"预留的印鉴"之中，对出票人签发与其预留本名的签名式样不符的支票来骗取财物的行为，以票据诈骗罪认定。

（五）签发无资金保证的汇票、本票或者在出票时作虚假记载，骗取财物的

1. 签发无资金保证的汇票、本票进行诈骗

汇票、本票的出票人在签发汇票、本票时应当有可靠的资金保证，这样才能确保票据收款人或者持票人在提示付款时获得票载金额。我国《票据法》第21条第1款规定："汇票的出票人必须与付款人具有真实的委托付款关系，并且具有支付汇票金额的可靠资金来源。"第26条规定："出票人签发汇票后，即承担保证该汇票承兑和付款的责任。"第74条规定："本票的出票人必须具有支付本票金额的可靠资金来源，并保证支付。"第77条规定："本票的出票人在持票人提示见票时，必须承担付款的责任。"可见，有无资金保证是认定此种票据诈骗行为能否成立的关键。

所谓资金保证，是指票据的出票人在承兑汇票、本票时具有按票据支付的能力；所谓无资金保证，即在承兑汇票、本票时不具有按票据支付的能力。[1] 但也有学者主张，所谓资金保证，是指票据的出票人在汇票、本票付款时具有按票据支付的能力；所谓无资金保证，是指在汇票、本票付款时不具有按票

1. 参见马克昌主编：《经济犯罪新论——破坏社会主义经济秩序罪研究》，武汉大学出版社1998年版，第372页；王作富主编：《刑法分则实务研究》，中国方正出版社2001年版，第574页。

据支付的能力。[1]显然，在强调资金保证的内涵核心在于支付能力这一点上，两种观点的看法完全一致。但在认定支付能力的时间标准上，两种观点却出现了分歧：第一种观点主张以承兑环节为认定标准；第二种观点则主张根据付款时的情况进行认定。

　　笔者赞同上述第二种观点，即判断出票人有无票据支付能力应该以汇票、本票付款时为标准。其理由是，在票据实务活动中，票据权利的取得和实现需要经过从出票、背书、承兑到付款等多个环节，而无论是汇票还是本票，其最终的票据环节都是付款而不是承兑。更何况，除远期汇票，即期汇票和本票都无须经过承兑。所以，以承兑环节的支付能力状况作为认定有无资金保证的标准，并不符合票据法的一般原理。另外，实施票据诈骗罪的行为人主观上理应具有骗取财物的故意，如果行为人在承兑时不具有支付能力，但是，在付款时却已经具备了支付能力并使持票人的票据权利得到了实现，又如何认定其构成票据诈骗罪呢？依笔者之见，即使在远期汇票的签发中，也应坚持这一标准。行为人在承兑远期汇票时尽管不具有支付能力，但是此时只能证明其具有民事欺诈的故意，而并不能完全证明其具有刑事诈骗的故意。若在具体付款时行为人具有了实际支付能力，这从很大程度上证明了其不具有票据诈骗罪中骗取财物的故意，对行为人的行为如果再以票据诈骗罪认定显

---

1. 参见刘华：《票据犯罪研究》，中国检察出版社2001年版，第205页。

然没有道理。至于使用他人已经签发的无资金保证的汇票、本票等行为，其性质应该与使用他人签发的空头支票行为一样，可以按使用伪造、变造票据型票据诈骗犯罪认定。

2. 出票时作虚假记载进行诈骗

票据是文义证券，票据上的权利义务关系是通过票据上的记载事项反映的：票据是要式证券，票据的制作必须依《票据法》规定的方式进行：票据上记载的文义也必须符合《票据法》的规定，才能发生《票据法》上的效力。《票据法》第14条规定："票据上的记载事项应当真实，不得伪造、变造。"这里的"真实"，不仅要求记载事项在形式上符合《票据法》的规定，而且要求其内容与实际情况相一致。票据上的记载事项是确定票据当事人享有票据权利或承担票据责任的凭据。作虚假记载不仅可以使出票人逃避票据责任，而且可以使持票人无法享有票据权利，从而破坏票据信用。因此，形式上完备但实质上虚假的记载，不仅记载无效，而且破坏了票据信用关系，以此骗取他人财物的，即可能构成虚假记载型的票据诈骗犯罪。

依效力不同，《票据法》上的记载事项可以分为必要记载事项、任意记载事项、不得记载事项以及记载后不发生《票据法》上效力的事项。其中，必要记载事项是指依据《票据法》的规定必须记的事项，它依效力不同又有绝对必要记载事项和相对必要记载事项之分。绝对必要记载事项是指出票人必须在票据上记载的事项，欠缺此类事项之一的，票据无效。相对必要记载事项则是指出票人应当在票据上记载，如果不记载，并不影响票据效力，而依法进行推定的事项。所谓任意记载事项，是指记载可由票据当事人自由选择，但是一经记载，即发生《票据法》上的效力的事项。所谓不得记载事项，是指《票据法》禁止行为人在票据上记载的事项。根据违反禁令仍为记载所产生的不同后果，可将不得记载的事项分为记载无效的事项和使票据无效的事项。前者是指行为人虽然作了记载，但此项记载本身无效，《票据法》上视作未记载，但是票据的效力并不因此受到影响；后者则是指行为人记载了此类事项，不仅记载本身无效，而且整个票据也无效。至于不发生《票据法》上效力的事项，形式上与任意记载事项相同，即是否记载可由票据当事人自由选择，但是二者在实质上迥异。任意记载事项一经记载，即发生《票据法》上的效力，但不发生《票据法》上效力的事项记载后不发生《票据法》上的效力。

尽管《刑法》第194条只规定了在出票时作虚假记载、骗取财物的，可构成虚假记载型的票据诈骗犯罪，但是，对于虚假记载的范围则未作明确限定。在理论上通说认为，刑法上的虚假记载事项只是就必要记载事项和任意记载事项的虚假而言的，至于其他记载事项，由于在票据关系上不存在弄虚作假的问题，不具备票据诈骗罪的客观特征，自然也就不可能构成票据诈骗罪。[1] 笔者赞同此观点。在虚假记载型的票据诈骗中，

1. 参见秦法果、杨宏勇：《票据诈骗罪客观方面疑难问题探讨》，载《河南师范大学学报（哲学社会科学版）》2003年第5期。

关键不在于记载的事项是否虚假，而主要在于这种虚假是否会直接影响到票据当事人的权利义务关系。另外，需要注意的是，这里所谓的"虚假记载"中的记载事项，不应该包括签章等内容的事项，因为签章是设立票据权利的重要一环，在票据上虚假签章实际上是一种伪造票证行为，而非虚假记载型票据诈骗行为。同理，这里的虚假记载必须属于该票据记载事项的首次记载，如果行为人对已记载事项作虚假变更，则同样不构成虚假记载，而应按相关变造票据行为处理。

三、票据诈骗罪主观罪过及其认定

非法占有目的是构成金融诈骗罪的必要要件，这是笔者一直坚持的观点。由于票据诈骗罪属于金融诈骗罪，因此，尽管《刑法》对此目的未作专门规定，但这并不会成为非法占有目的是票据诈骗罪构成要件的障碍。票据诈骗罪是故意犯罪，这在理论上和实践中不存在任何争议。需要讨论的是，票据诈骗罪行为人的主观罪过中是否可能存在间接故意？由于笔者始终坚持票据诈骗罪是目的犯罪，而犯罪目的只存在于直接故意犯罪之中，由此推论，票据诈骗罪的主观罪过中当然不可能存在间接故意。

但是，在理论上则有人坚持间接故意也可以成为票据诈骗罪的主观罪过形式的观点。有学者认为，对于行为人事中甚至事后才意识到自己的行为可能使对方陷于某种错误认识，随即起意，放任了对方错误的发生而骗取财物的，应以此罪论处。对此观点，也有学者表示不能同意：主客观相一致的刑事责任原则客观上要求无罪过的行为不是刑法意义上的行为，因此，论者所谓的"事前故意""事中故意"和"事后故意"的划分在现代刑法学意义上是站不住脚的。严格说来，"事中故意"和"事后故意"实质上都是"事前故意"的继续。[1]

在理论上，有人对票据诈骗罪的《刑法》规定作了具体分析，认为《刑法》第 194 条第 1 款第 1 项规定的"明知是伪造、变造的汇票、本票、支票而使用的"，以及第 2 项规定的"明知是作废的汇票、本票、支票而使用的"，都是"明知"，足以表明这两种法定行为方式只存在于直接故意犯罪中。而该条第 1 款第 3 项至第 5 项中却无"明知"，这说明法律已明确规定后三种法定行为方式可以存在于间接故意犯罪之中。笔者认为，上述主张间接故意可能存在于票据诈骗罪行为人主观罪过的观点有悖于刑法基本原理。

首先，从刑法理论和司法实践的普遍观点看，票据诈骗罪的成立必须以非法占有为目的。2001 年《全国法院审理金融犯罪案件工作座谈会纪要》强调，"金融诈骗犯罪都是以非法占有为目的的犯罪"。既然如此，如果将间接故意纳入票据诈骗罪的罪过之中，显然与犯罪目的只存在于直接故意犯罪之中

---

1. 参见马长生、刘润发：《论票据诈骗罪的认定》，载《湖南经济管理干部学院学报》2004 年第 1 期。

的刑法基本原理不相符合。

其次，《刑法》有关票据诈骗罪的规定中，只在前两项内容中强调了"明知"，而在后三项内容中则没有提及，并不意味着其中存在间接故意罪过形式。《刑法》第194条之所以对同一罪名的不同法定行为方式作出不同规定，根本原因在于后三项内容中其实已包含了"明知"。例如，在"冒用他人的汇票、本票、支票"的行为中，行为人当然明知所用票据系他人所有而为自己冒用，否则何来"冒用"一说。在"签发空头支票或者与其预留印鉴不符的支票，骗取财物"的行为中，行为人当然不可能不知道自己签发的是空头支票或者不知道自己预留印鉴的式样，更何况《刑法》为了将误签、误用等情况与票据诈骗行为区别开来，还在相关内容后特别加上"骗取财物"，其中包含了"明知"是不言而喻的。同样，在"签发无资金保证的汇票、本票或者在出票时作虚假记载，骗取财物"的行为中，结合具体的条文表述，我们也无法发现行为人主观上有"不明知"情况存在的可能性，其后的"骗取财物"表述则进一步强调了实际已经包含"明知"情况。由此可见，以《刑法》票据诈骗罪的规定中对"明知"存在有明确和不明确两种情况，作为论证间接故意可能存在于票据诈骗罪的主观罪过中的观点，也很难站得住脚。

再次，上述观点中实际上还涉及"明知"的具体含义问题。因为刑法理论有关间接故意的定义中也有"明知"的提法，而票据诈骗罪的规定中又要求是"明知"，因而不能绝对排除间接故意存在于票据诈骗罪主观罪过中的可能性。笔者认为，这种观点实际上混淆了间接故意概念中的"明知"与《刑法》分则规定的具体犯罪中的"明知"。事实上，故意犯罪概念中的"明知"强调的是对犯罪结果的明知，即对自己的行为会发生危害结果的预见；而《刑法》分则具体犯罪中所强调的"明知"，则是对犯罪对象的明知。两者在内容与证明要求上均存在着不同之处。

最后，需要强调的是，当行为人在明知自己的票据欺诈行为会发生危害社会的结果时，为达到非法占有财物的目的，仍然坚持实施相关的诈骗行为，从意志因素上分析，就已经形成了希望结果发生的心理态度，因而当然属于直接故意。即从刑法理论上看，在这种情况中，实际上完全可以排除行为人主观上具有间接故意的可能性。

第二节　票据诈骗罪罪数的司法认定

一、票据诈骗罪与伪造、变造金融票证罪牵连形态的认定

司法实践中，票据诈骗行为往往涉及伪造、变造的金融票据，因为行为人为进行票据诈骗，往往需要伪造、变造票据或

者伪造、变造他人印章等。如果使用者与伪造、变造者为不同的人，且行为人之间没有共同故意，那么，对于相关行为人只要按各自行为的特征分别定罪即可，使用者的行为以票据诈骗罪认定，而伪造、变造者的行为则以伪造、变造金融票证罪认定。但是，如果使用者与伪造、变造者为同一人，或者虽为不同的人但行为人之间有共同故意，应该如何定性？这就涉及罪数形态问题。例如，行为人先伪造、变造各种金融票据等，然后又利用伪造或变造的票据进行诈骗，是否需要数罪并罚？笔者认为，在使用者与伪造、变造者为同一人，或者在共同故意下的不同人的票据犯罪中，伪造、变造行为与使用行为之间其实是方法行为和目的行为的牵连关系，而且票据诈骗罪的构成要件中已经将相关行为包容进去，特别是行为人实施伪造、变造行为与使用行为的目的均是通过利用票据最终骗得财物。就此而言，完全符合刑法理论上的牵连犯特征，应按牵连犯从一重处断的原则追究行为人的刑事责任。需要指出的是，票据诈骗罪法定刑规定基本上与伪造、变造金融票证罪相同。这就产生了牵连犯中涉及的数个罪名法定刑相同如何定罪的问题。笔者认为，在此情况下，按照目的行为所涉及的罪名定性最为妥当。其实无论按哪个罪名定性，可能均不会影响到对行为人的实际判刑，但是，由于受牵连犯"为了实现一个犯罪目的"等特征所决定，以目的行为所涉及的罪名定性无疑较能体现刑法理论上设立牵连犯的要求，因而也是较为科学的。

与上述讨论内容相关的另一个问题是：对于伪造、变造金融票证后使用伪造、变造的金融票证进行诈骗，但由于行为人意志以外的原因而未得逞的，该如何处理？对此，理论上也存在不同的观点：有人认为，应当根据既遂吸收未遂的原则，以伪造金融票证罪的既遂处罚；另有人认为，应当根据重行为吸收轻行为的原则，以票据诈骗罪的未遂处罚；还有人认为，应当以是否着手实施诈骗行为为标准，伪造行为吸收诈骗的预备行为，诈骗的未遂行为吸收伪造行为；更有人认为，应以诈骗行为进行的阶段为标准，如果诈骗行为尚处在预备阶段或刚刚开始即被发觉的阶段，应当伪造行为吸收诈骗行为，如果诈骗行为已经或即将实施终了，并且所骗标的数额较大或巨大，应当诈骗行为吸收伪造行为，以票据诈骗罪未遂论处。[1] 笔者认为，由于牵连犯的处罚原则为从一重处断，而伪造、变造金融票证罪完成形态下的法定刑比票据诈骗罪未完成形态下的法定刑要高，因此，在伪造、变造金融票证后，由于行为人意志以外的原因而导致票据诈骗行为未遂或者预备的，根据牵连犯从一重处断的原则，当然应该以伪造、变造金融票证罪论处。

二、票据诈骗罪与合同诈骗罪法条竞合的认定

众所周知，票据诈骗罪和合同诈骗罪都是从诈骗罪中分离

---

1. 参见于改之：《票据诈骗罪若干问题研究》，载《甘肃政法学院学报》2006年第6期。

出来的，且均归入《刑法》分则第三章"破坏社会主义市场经济秩序罪"中。但是，两者毕竟属于不同亚类中的不同罪名，仍存在明显的区别。对于票据诈骗罪和合同诈骗罪之间是否存在竞合关系，理论上有不同的观点。有学者认为，两罪之间不会发生法条竞合问题；另有学者认为，两罪之间是交叉竞合的关系；还有学者认为，两者之间的关系属于法条竞合。[1] 依笔者之见，两者之间应该存在法条竞合关系。正如前述，票据是记载票据权利关系的载体，就此而言，票据的实际使用过程就是实现票据权利义务的过程，也即票据自签发开始，实际上就形成了持票人与票据上签章的当事人之间的权利义务关系。这种关系从本质上讲也是合同关系，即这里的经签发的票据就是合同。由于这种合同毕竟不同于一般的经济合同，其形成的法律关系也与一般的债权债务关系不完全一样，因而《刑法》将票据诈骗行为从合同诈骗罪中独立出来专门设罪。但是，无论如何，都无法否定两罪之间存在法条竞合的关系。按照特别法条优先于普通法条适用的法条竞合处理原则，当行为人的行为既触犯了合同诈骗罪又触犯了票据诈骗罪时，对之理应以票据诈骗罪定性处罚。需要说明的是，对于行为人以伪造、变造或者作废的票据为签订合同提供担保的，应该如何定性？由于这种行为并未损害正常的票据关系，根据《刑法》中关于合同诈骗罪的规定，对这种行为以合同诈骗罪定罪量刑是妥当、合理的。

---

1. 参见李文燕主编：《金融诈骗犯罪研究》，中国人民公安大学出版社 2002 年版，第 163—164 页。

三、行为人盗窃、侵占他人票据后又冒用的行为的认定

对此，理论上存在不同的观点：有人主张以盗窃罪、侵占罪定性；也有人主张以票据诈骗罪（即冒用型票据诈骗）定性；还有人主张实行数罪并罚。笔者认为，由于行为人目的上与对象上的一致性，在这种情况下，对行为人的行为实行数罪并罚显然不符合刑法基本原理。《刑法》第196条信用卡诈骗罪中规定"盗窃信用卡并使用的"按照盗窃罪论处，但是，笔者认为，对于这一立法规定不能简单地套用在其他犯罪中，盗窃、侵占他人票据后加以冒用的行为应以重罪吸收轻罪的精神以票据诈骗罪论处。需要指出的是，认定盗窃罪或者票据诈骗罪的数额应该以行为人冒用后实际获得的数额作为标准，如果行为人盗窃、侵占他人票据后并未加以使用，则因无法认定数额而不能构成犯罪。

第四章

信用证诈骗罪及其司法认定

第一节　信用证诈骗罪的立法沿革及其构成要件

一、信用证诈骗罪的立法沿革

信用证，是指开证银行根据作为进口商的开证申请人的请求，开给受益人（常为出口商）的一种在具备了约定条件以后，即可得到由开证银行或支付银行支付约定的金额的保证付款凭证。按照这种结算方式的有关规定，买方先把货款交存开户银行，由银行开立信用证，通知异地卖方开户银行通知卖方，卖方按合同和信用证规定的条款发货，银行代买方付款。

应该看到，信用证的使用不仅为买卖双方提供了可靠的信用保障，而且为买卖双方提供了资金融通的便利，加快了资金周转，以获得更大的利润。正是由于信用证建立在商业信用和银行信用的基础上，因而其使用使交易更加安全可靠；正是由于信用证本身所具有的安全可靠性，因而信用证方式成为国际贸易诸多支付方式中最为普遍的一种。

随着我国社会主义市场经济体制的建立和不断完善，我国对外贸易有了突破性的发展，进出口贸易总额不断上升。与此相适应，在对外贸易过程中，信用证的使用也日益普遍并起着越来越大的作用。但是，随着信用证的大量使用，信用证诈骗犯罪也大量出现，并且呈现日益严重的趋势。这类案件一旦发生，所涉金额往往相当大，动辄几百万元、上千万元，甚至亿元以上。有些不法分子利用信用证是国际贸易中取得资金融通的主要方式这一特性，先想办法取得信用证，再用信用证作抵押向银行申请贷款。由于有信用证作抵押，不法分子很容易取得银行的信任并得到贷款，从而最终侵占银行的贷款。

我国1979年《刑法》中并未设立信用证诈骗罪，司法实践中，对涉及信用证的诈骗犯罪均以诈骗罪定罪处罚。由于从行为所侵犯的客体、行为本身的特征，以及行为所造成的社会危害性等方面分析，涉及信用证的诈骗犯罪毕竟不同于传统的侵犯财产罪中的诈骗罪，因此，将涉及信用证诈骗犯罪统一按诈骗罪论处确有许多不妥之处。为此，1995年6月30日全国人大常委会《关于惩治破坏金融秩序犯罪的决定》首次规定了"信用证诈骗罪"这一罪名和法定刑。1997年《刑法》除在法定刑上作了一定修改，基本上沿袭了上述决定中所规定的内容。

《刑法》第 195 条规定："有下列情形之一，进行信用证诈骗活动的，处五年以下有期徒刑或者拘役，并处二万元以上二十万元以下罚金；数额巨大或者有其他严重情节的，处五年以上十年以下有期徒刑，并处五万元以上五十万元以下罚金；数额特别巨大或者有其他特别严重情节的，处十年以上有期徒刑或者无期徒刑，并处五万元以上五十万元以下罚金或者没收财产：（一）使用伪造、变造的信用证或者附随的单据、文件的；（二）使用作废的信用证的；（三）骗取信用证的；（四）以其他方法进行信用证诈骗活动的。"根据 1997 年《刑法》第 199 条的规定，犯信用证诈骗罪，数额特别巨大并且给国家和人民利益造成特别重大损失的，处无期徒刑或者死刑，并处没收财产。但是，《刑法修正案（八）》对金融诈骗类犯罪的死刑配置进行了重大修改，取消了信用证诈骗罪的死刑。

综上所述，所谓信用证诈骗罪，是指行为人以非法占有为目的，使用伪造、变造的信用证或者附随的单据、文件，或者使用作废的信用证，或者骗取信用证，或者以其他方式进行信用证诈骗活动的行为。

二、信用证诈骗罪的客观要件及其认定

根据《刑法》第 195 条，信用证诈骗罪在客观方面表现为

利用信用证进行诈骗活动，具体表现为以下四种方式。

（一）使用伪造、变造的信用证或者附随的单据、文件进行诈骗犯罪

此种类型的信用证诈骗行为又可分为以下两种情形。

第一，使用伪造、变造的信用证进行诈骗。规范的信用证有固定的标准格式和内容。伪造信用证，是指行为人采用描绘、复制、印刷等方法，仿照信用证的格式、内容制造假信用证的行为，或者编造、冒用某银行的名义开出假信用证的行为。伪造信用证的行为，包括从格式到内容的全部伪造，也包括将通过其他渠道获得的格式化信用证，伪造填充虚假内容的部分伪造。伪造开证行时，诈骗行为人编造一个根本就不存在的银行，或者假冒一个有影响的银行开立假信用证。变造信用证，是指行为人在真实信用证的基础之上，采用涂改、剪贴、挖补等方法，改变原信用证的内容和主要条款，使其成为虚假的信用证的行为。

需要指出的是，行为人伪造、变造信用证应构成伪造、变造金融票证罪，并不构成信用证诈骗犯罪，只有使用伪造、变造的信用证骗取他人财物的，才构成信用证诈骗犯罪。行为人使用伪造、变造的信用证，可能是自己伪造、变造的，也可能是他人伪造、变造的。对于使用他人伪造、变造的信用证的，必须是明知信用证是伪造、变造的而有意使用的行为，才构成信用证诈骗犯罪。从司法实践看，使用伪造、变造信用证的

方式一般有以下几种：一是使用伪造、变造的信用证与其他单据、文件相配合，向议付行议付、承兑、取款、诈骗议付行的资金；二是进口商假冒开证行，向其通知行传递伪造、变造的信用证，进而骗取出口商发货，诈骗出口商的货物，或者依照买卖合同的约定，以伪造、变造的信用证诈取佣金、质押金、履约金等；三是内外勾结，诈取出口公司和国内供货厂家的预付货款或购货款；四是利用伪造、变造的信用证作抵押担保，诈骗银行或者其他公司、企业甚至个人的资金、财物。

第二，使用伪造、变造的信用证附随单据、文件进行诈骗。信用证按其使用时是否需要附随必要的单据、文件，分为跟单信用证和光票信用证两种。作为国际贸易结算手段的信用证，在绝大多数情况下实际都是跟单信用证。对于这种信用证的结算方式，信用证交易实际是单据的买卖，信用证各当事人所处理的是单据而不是货物，单据是卖方对买方履行买卖合同规定义务的证明文件，买方也只能通过单据了解货物的情况。因此，单据是否真实，是否真正代表了符合要求的货物，就显得十分重要。

正是由于信用证附随的单据和文件在信用证交易中起着十分重要的作用，使用伪造、变造的信用证单据、文件也就成为比较常见的信用证诈骗形式。其中，既有受益人（即出口商）自谋诈骗银行（包括议付行和开证行）和进口商的资金，也有受益人与开证申请人恶意串通，共同诈骗银行资金。特别是一些国际诈骗集团，其中的一部分人充当"进口商"，另一部分人充当出口商，编造两个公司，伪造公司的有关法律手续，签订根本就没有交易的买卖合同，由"进口商"向银行申请开立信用证，得到信用证后，又伪造、变造提单等单据，向议付行索款，议付行一旦未识破伪造、变造的单据而付款，他们就卷款而逃，给银行造成巨额损失。

根据《跟单信用证统一惯例》（UCP600）的规定，所谓附随单据、文件，是指附随于信用证的有关单据、文件，通常是作为受益人的出口方在装运完货物后，必须按信用证所要求的种类、份数，在规定的日期内向有权办理保兑、议付、给付等业务的有关银行提交的那些单据、文件。具体而言，信用证附随的单据主要有运输单据、保险单据和商业发票三种；信用证附随的文件则主要包括领事发票、海关发票、出口许可证、产地证明书（产品合格证书）等。而其中最主要的莫过于提单了。

所谓提单，是指证明海上运输合同和货物已由承运人接管或装船，以及承运人保证凭此交付货物的单据。在实践中，以伪造、变造的提单实施信用证诈骗主要包括以下三种形式：（1）利用空头提单进行诈骗；（2）利用伪造、变造的提单诈骗；（3）使用预借或倒签的提单进行诈骗。所谓预借提单，是指货物还未到装货港，船东或承运人的代理人虽已接管了货物，但未将其装上船，或正在将其装船，但还未装完，在明知货物没有到港，或没有装船的情况下，却应托运人（受益人）的请求签发已装船提单，以满足受益人在信用证最迟有效日期前如期办理结汇手续的行为。所谓倒签提单，是指承运人虽已将货物装船完毕，但仍超过了信用证上所规定的期限，而在签发提单时，让托运人将提单签发日期提前到信用证规定的装船日期，以便于受益人如期向银行结汇，从而逃避违约责任的行为。

（二）使用作废的信用证进行诈骗犯罪

使用作废的信用证，是指明知是作废的信用证而使用的行为。所谓作废的信用证，简单地说，就是指已经失效的信用证，具体包括以下几类：（1）过期的信用证；（2）使用完毕的信用证；（3）因开证失误，如笔误、内容条款与申请人要求不相符合等原因导致作废的信用证；（4）法院发出禁付令后的信用证；（5）被撤销的信用证；（6）被拒付且超过有效期的信用证。

（三）骗取信用证进行诈骗犯罪

所谓骗取信用证进行诈骗，是指行为人以虚构事实、隐瞒真相的方法，欺骗银行或开证申请人，使其开出信用证，并以此进行诈骗活动的行为。

这里需要研究的是，行为人是否只要实施了骗取信用证的行为就可构成信用证诈骗罪？对此，理论上有不同的观点：有人认为，行为人出于直接故意，虚构事实、隐瞒真相骗取信用证，即构成本罪，并不要求其使用。对于骗取信用证后又使用，当然构成该罪，且认为情节严重。[1]另有人认为，骗取信用证并加以使用是"骗取行为"两个密不可分的行为阶段。纯粹的骗取信用证行为本身只能说是一种普通诈骗行为，而不是严格意义上的信用证诈骗行为。[2]

笔者认为，分析《刑法》第195条的规定，不难发现，信用证诈骗罪的立法原意表明，任何信用证诈骗行为均离不开使用行为，因为只有通过使用行为，才可能有信用证诈骗活动。事实上，单纯骗取信用证的行为，如果没有加以使用，充其量也只能是一般的欺诈行为，很难构成信用证诈骗罪。由此可见，因骗取信用证构成信用证诈骗罪的，行为人理应具有使用行为。但是，也应该看到，《刑法》有关信用证诈骗罪规定的第3项行为，没有规定"使用"的行为，而对前两项行为均规定有"使用"行为，这很容易导致人们在理解上产生错误。就此而言，《刑法》的规定似乎存在一定的不完善之处。为此，笔者建议，《刑法》应适时作出修正，将第3项"骗取信用证的"行为修正为"使用骗取的信用证的"行为。

（四）以其他方法进行信用证诈骗犯罪

这是一种概括性规定，在实践中主要表现为：采用远期信

---

1. 参见陈琴：《信用证诈骗罪的若干问题研究》，载赵秉志主编：《新千年刑法热点问题研究与适用》（下），中国检察出版社2001年版，第1317页。
2. 参见叶良芳：《信用证诈骗罪探讨》，载赵秉志主编：《新千年刑法热点问题研究与适用》（下），中国检察出版社2001年版，第1304页。

用证支付时，进口商先取货，"承诺"后付款，在信用证到期前的这段时间，转移、隐匿财产，骗取进口货物的；利用信用证项下提货不用提单骗取融资的；同不法银行相勾结，在信用证到期付款前，将银行资金转移，宣告资不抵债，从而非法占有他人财物的；利用"软条款"信用证进行诈骗活动的。

三、信用证诈骗罪的犯罪主体及其认定

根据《刑法》的规定，信用证诈骗罪的犯罪主体是一般主体，包括自然人和单位。目前，在理论上有一种观点认为，就目前的实际情况而言，信用证虽然不依附于国际贸易合同，但又必须以国际贸易合同为基础和前提。而在我国境内，能与境外的公司、企业签订贸易合同以及能向银行申请开立信用证和享有信用证上利益的人，都是具有进出口经营权的公司、企业及事业单位。从这个意义上说，信用证诈骗罪的主体只能是单位。[1]

对此观点，笔者不能苟同。笔者认为，信用证诈骗罪的犯罪主体既包括单位，也包括自然人，这是由《刑法》明文规定的，因此，将自然人从信用证诈骗罪中排除出去是没有法律依据的。更何况司法实践中并非没有自然人实施信用证诈骗犯罪

---

1. 参见王前生、徐俊华：《信用证诈骗犯罪构成研究》，载赵秉志主编：《新千年刑法热点问题研究与适用》(下)，中国检察出版社 2001 年版，第 1293 页。

的情况。例如，据统计材料反映，近几年来，具有中国国籍的自然人实施的信用证诈骗案，在国际贸易中已经存在，而由国际欺诈团伙所实施的信用证诈骗案更是屡见不鲜。这些团伙精通信用证业务及相关国家的法律制度，手法巧妙，极具欺诈性，国内的自然人或法人急于扩大出口创汇，而又缺乏国际贸易的成熟经验和操作方法，加之一味盲从的心理，决定了他们常常成为国外团伙进行信用证诈骗的对象。[1] 就此而言，将自然人排除在信用证诈骗罪的主体范围之外，也不符合司法实践的具体情况以及国际贸易中自然人实施信用证诈骗行为实际存在的情况。

另外，尽管在国际贸易中，向银行申请开立信用证和享有信用证上利益的人只能是单位，但是这并不意味着自然人没有可能成为信用证诈骗罪的主体。根据 1999 年 6 月 25 日最高人民法院发布的《关于审理单位犯罪案件具体应用法律有关问题的解释》第 2 条、第 3 条的规定，在国际贸易中以单位名义开立信用证和享有信用证利益的，也可能构成自然人信用证诈骗罪。例如，自然人为实施信用证诈骗犯罪而设立相关单位，或者在相关单位设立后，以实施信用证诈骗犯罪为主要活动的；自然人盗用相关单位名义实施信用证诈骗犯罪，违法所得由实施犯罪的自然人私分的。这些情况中，虽然行为人的行为均是以单位名义出现的，但司法解释均强调要以自然人犯罪论处。

---

1. 参见田宏杰：《信用证诈骗罪构成特征研究》，载《中国刑事法杂志》2003 年第 2 期。

可见，在以单位名义开立信用证和享有信用证上利益的信用证诈骗案件中，完全有可能存在自然人信用证诈骗罪的情况。

这里还需要讨论的是，境外公司、企业能否成为信用证诈骗罪的主体？应该看到，在国际贸易中，境外公司、企业实施《刑法》规定的四种信用证诈骗行为之一的情况很多，对相关行为人能否以信用证诈骗罪论处？笔者认为，境外人（包括境外单位）可以成为包括信用证诈骗等犯罪在内的犯罪主体，这在我国《刑法》中具有充分的依据，理论上对此并没有异议。但是，对境外人实施信用证诈骗是否能按单位犯罪论处？由于境外很多单位均是依照境外法律设立的，通常不具有中国的法人资格，因此对这些单位所实施的信用证诈骗行为能否以单位犯罪认定，确实是一个值得研究的问题。对此，有学者认为，境外公司、企业对我国的银行以及公司实施信用证诈骗行为的，在法律对此类"单位"无明文规定的前提下，应视为自然人犯信用证诈骗罪，可对境外公司、企业的直接责任人员予以定罪，但量刑却应适用单位犯罪的刑度规定。[1]

笔者认为，境外单位实施信用证诈骗犯罪完全可以构成单位信用证诈骗罪。首先，境外单位是否可以成为我国刑法中单位犯罪的主体，尽管理论上仍然存在争议，但是，笔者主张不应该将境外单位排除在单位犯罪主体之外。道理其实与我们不能将境外自然人排除在自然人犯罪主体之外一样。这里不存在

---

1. 参见陈琴：《信用证诈骗罪的若干问题研究》，载赵秉志主编：《新千年刑法热点问题研究与适用》（下），中国检察出版社 2001 年版，第 1312—1313 页。

所谓"法无明文规定"的问题，充其量也只是法无明确规定而已。其次，既然存在境外单位实施的信用证诈骗犯罪，我们就没有理由将其以自然人信用证诈骗罪定性处理，更没有理由将其以自然人信用证诈骗罪定性而又以单位信用证诈骗罪量刑，因为这既不符合刑法基本原理，也与罪刑法定原则相悖。

四、信用证诈骗罪的主观罪过及其认定

在理论上，一般认为，信用证诈骗罪在主观方面只能是直接故意，间接故意和过失不能构成本罪。但是，另有学者认为，间接故意也可构成诈骗罪。因为在诈骗案件中，行为人故意的产生过程有事前、事中、事后之分，如果行为人事中甚至事后才意识到自己的行为可能使对方陷于某种错误认识，随即起意，放任了对方由于自己的不实陈述而交付财物的结果发生，或者行为人事前对自己的履约能力并无把握，抱着侥幸心理或随机应变的态度，于事中或事后放任危害结果的发生，也构成诈骗。[1]

笔者认为，由于信用证诈骗罪属于金融诈骗罪中的一种犯罪，属于目的犯，主观方面当然只能是直接故意。因为从刑法原理讲，犯罪目的只存在于直接故意犯罪之中。事实上，上述

1　参见白律军·《金融欺诈及预防》，中国法制出版社 1994 年版，第 14—16 页。

观点中所谓的"放任"也是不存在的,因为既然行为人具有非法占有的目的,同时又实施了不实陈述等诈骗行为,行为人对危害结果的发生怎么可能存在"放任"的主观意志呢?

第二节　信用证诈骗罪疑难问题研究

一、利用"软条款"进行信用证欺诈行为的定性

"软条款"信用证,又称"陷阱"信用证,是指开证人或者开证行在开立信用证时,故意设置一些隐蔽性的条款,使开证人或开证行具有单方面随时解除付款责任的主动权,以达到诈取保证金、定金、违约金的目的。可见,利用"软条款"信用证进行欺诈行为的实质在于,开证人在骗得预约的履约金、佣金、质保金以及开证费后,利用其"软条款"中所拥有的主动权、决定权,故意阻挠合同的正常履行和信用证的正常运转,故意拖延时间,无端挑剔质量问题等,其目的是使出口方不能如期发货,支付不能,从而使信用证无法生效。

在外贸实践中,常见的"软条款"主要有以下几种。其一,信用证开出后暂不生效,生效时间由开证银行另行通知。而开证银行的决定往往是受开证申请人及进口商的影响,故此类条款使得出口货物能否装运完全取决于进口商,出口商则处

于非常不利的被动地位。其二，信用证规定须由开证申请人或其授权者验货并签署质量检验合格证书才生效，或须由开证行核实，与开证行存档印鉴相符，或规定商品检验采用买方国家（或地区）标准等，从而设置质检方面的障碍以诈取出口商的质保金和其他费用。其三，信用证对开证银行的付款、承兑行为规定了许多前提条件。这些条件完全背离了信用证以确定交货的单据为支付依据的原则。尽管受益人完全做到了单证一致，还是得不到收款的保障，不可撤销信用证完全成了一纸空文。其四，信用证规定，船只装船日期及装卸港等须待开证申请人通知或须开证申请人同意，并以修改书形式通知为准。其五，对一票货物，信用证要求就每个包装单位分别缮制提单。这种情况在实际业务中并不多见。其六，规定冲突条款，置受益人于被动地位。其七，规定以下内容的信用证，也属于"软条款"信用证：使用FOB价格术语，由买方负责安排运输，当买方不派船时，卖方就不能议付；规定受益人必须履行存在显著困难甚至根本无法履行的义务，如提交不易取得的单据、文件，货物的数量、质量及规格等要求很难办到，以及所规定的装船期、交单期、有效期极短等。此外，利用远期信用证"先取货，后付款"的特点，取货后迅速转移资产，在付款之前宣布企业或者银行破产，以逃避支付货款的责任，也属于"以其他方法进行信用证诈骗活动"。[1]

---

1. 参见田宏杰：《信用证诈骗罪构成特征研究》，载《中国刑事法杂志》2003年第2期。

利用"软条款"进行信用证欺诈是否构成信用证诈骗罪，历来是理论上争议的焦点。有人认为，"软条款"不是就过去或现在某种事实的虚假陈述，而是希望受益人在将来无法执行该条款而陷入被动的意思表示，这种意思表示建立在对未来的某种预见的基础之上，故并不符合公认的诈骗罪的概念，因而利用软条款的信用证欺诈不构成诈骗罪。[1]但也有人认为，不论行为人的陈述表现为对过去事实的叙述，还是对将来事实的预见、表示、希望，都是为了掩盖自己主观上意图使对方陷于错误认识而向自己交付财产这一事实。对方被骗的结果与行为人制作"软条款"的先行行为之间有直接的因果关系。所谓先行行为，就包括行为人制作"软条款"的行为，这种先行行为虽然与某种预见有关，但已不仅仅是预见本身，本来危害结果的发生正是这种先行行为的延伸。因此，对未来事件虚假的意思表示也符合诈骗罪的概念，利用"软条款"进行欺诈，也可以构成信用证诈骗罪。[2]还有人认为，在国际贸易实践中，开证申请人在信用证中设置"软条款"一般出于两个目的：其一，保护申请人的利益。在此情形下，开证申请人并不是以骗取受益人的财物为目的，而是使开证申请人在信用证交易中处于主动地位。例如，在服装出口业务中，外商在开立信用证时通常规定"客检证条款"（即必须由开证申请

---

1. 参见白建军：《金融欺诈及预防》，中国法制出版社 1994 年版，第 25 页。
2. 参见陆红、陶国中：《论信用证诈骗罪》，载《南京晓庄学院学报》2003 年第 1 期。

人授权的人出具货物合格的检验证书，并且此人的签字样本须在开证行存档），这是典型的"软条款"，当外商不想要货时，就故意不派人验货或者委派的人不符合信用证的要求，使受益人无法取得信用证所要求的客检证。这种行为属于信用证欺诈行为，但是，由于开证申请人没有非法占有受益人财物的目的，故不能构成信用证诈骗罪。其二，骗取受益人的财物。在此情形下，开证申请人开立信用证的目的在于骗取受益人的信任，从而使受益人自觉向开证申请人或其指定的人支付佣金、保证金等，或者使受益人自觉交付货物，或者使受益人向开证申请人或其指定的人购买质次价高的原材料等。这种行为属于信用证诈骗行为。据此，利用"软条款"信用证实施欺诈是否构成信用证诈骗罪，需要根据开证申请人在开立信用证时设置"软条款"的具体目的判断，具体情况具体分析。[1]

笔者认为，上述观点中提到的行为人出于保护申请人的利益而设置的"软条款"，由于行为人主观上不具有非法占有的目的，因而不可能存在所谓利用"软条款"进行信用证欺诈的行为，不能构成信用证诈骗罪是应有之理。我们这里所讨论的利用"软条款"进行信用证欺诈的本质特征在于，行为人在开立信用证时就故意制造一些隐蔽性的条款，这些条款实际上赋

---

1. 参见赵秉志:《中国金融欺诈犯罪的特征及其法律惩治》，载陈光中等主编:《金融欺诈的预防和控制》，中国民主法制出版社1999年版，第42—43页。

予了开证人或开证行单方面的主动权，从而使信用证随时因开证行申请人单方面的行为而解除，以达到骗取财物的目的。由此分析，行为人利用"软条款"的行为本身，实际上就反映了其主观上具有非法占有的目的，在这种目的支配下，行为人又具体实施了诈骗行为，应该构成信用证诈骗罪。只是"软条款"信用证是一种可撤销的"陷阱"信用证，在一般情况下，当事人很难对这种"陷阱"加以识破，所以"软条款"信用证相对于伪造、变造的信用证而言，欺诈性及隐蔽性更大。更由于"软条款"信用证诈骗活动是通过制造一些隐蔽的条款实施的，因而在很大程度上有其"合法性"的一面，这就给司法实践中的认定带来了难度。

二、利用信用证"打包贷款"行为的定性

根据《中国工商银行信用证项下出口打包放款暂行办法》，打包贷款是指借款人收到进口商所在地银行开出的信用证后，以信用证正本作抵押向银行申请的贷款，用于该信用证项下出口商品的进货、备料、生产和装运。利用信用证诈骗银行打包贷款，名义上是要求银行为其贷款以筹集货物，实则意图非法占有贷款。有学者将这种行为分为三种情形：一是使用伪造、变造的信用证或附随的单据、文件或者作废的信用证作担保，诈骗打包贷款；二是在合法取得信用证后，产生诈骗打包贷款

的故意，进而实施该行为；三是为诈骗打包贷款而先骗取信用证，并以此作担保，诈骗银行贷款。[1]

（一）使用伪造、变造的信用证或附随的单据、文件或者作废的信用证作担保，诈骗打包贷款的行为是否构成犯罪？

对此，理论上有不同的观点。第一种观点认为，这种行为既触犯了贷款诈骗罪，又符合信用证诈骗罪的特征，在刑法理论上属于法条竞合，应选择一个最相适应的法条作为定罪量刑的依据，即按照重法优于轻法的原则，以信用证诈骗罪论处。[2] 第二种观点认为，信用证诈骗罪是一般法条规定之罪，而使用伪造、变造的信用证或附随的单据、文件或者作废的信用证作担保，诈骗银行贷款的，属于特别法条规定之罪。按照特别法优于一般法的原则，对于这种情形应以贷款诈骗罪论处。[3] 第三种观点认为，上述行为没有使被骗银行进入信用证关系成为信用证当事人或主体，故不符合信用证诈骗罪的特征，实际上仅触犯了贷款诈骗罪。[4] 第四种观点认为，信用证诈骗罪第一种行为类型的"使用"，是指利用假信用证骗取其项下的款项，

---

1. 参见刘远：《金融诈骗罪研究》，中国检察出版社 2002 年版，第 421 页。
2. 参见薛瑞麟：《论信用证诈骗罪》，载《政法论坛》2000 年第 4 期。
3. 参见李文燕主编：《金融诈骗犯罪研究》，中国人民公安大学出版社 2002 年版，第 259 页。
4. 参见刘远：《金融诈骗罪研究》，中国检察出版社 2002 年版，第 422 页。

故上述行为仅成立贷款诈骗罪。[1]

笔者认为，使用伪造、变造的信用证或附随的单据、文件或者作废的信用证作担保，诈骗打包贷款的行为，在本质上与使用伪造、变造的票据作抵押骗取银行贷款的行为并无不同。由于《刑法》第195条信用证诈骗罪与第193条贷款诈骗罪在条文关系上并不存在竞合关系，因此，这不属于《刑法》中法条竞合的问题。就此而言，上述认为应选用重法优于轻法或特别法优于普通法处理的观点不符合刑法基本原理。至于是否应对信用证诈骗罪行为中的"使用"含义作限制，笔者认为，可能这种限制也不尽合理。因为使用伪造、变造的信用证或附随的单据、文件或者作废的信用证作担保，诈骗银行贷款，与使用同样方法骗取其他财产没有本质的区别，均是利用信用证骗取财产的行为。

依笔者之见，使用伪造、变造的信用证或附随的单据、文件或者作废的信用证作担保，诈骗打包贷款，理应属于刑法理论上的牵连犯。因为在该类案件中，行为人实际实施了两个行为，即使用伪造、变造的信用证或附随的单据、文件或者作废的信用证作担保的行为和诈骗打包贷款的行为，更由于"使用"行为可以被贷款诈骗客观行为所包容，因此，完全符合牵连犯的原理。由于牵连犯的处罚原则是从一重处断，而信用证诈骗罪的法定刑要高于贷款诈骗罪的法定刑，因此，对于上述

---

1. 参见马克昌主编：《经济犯罪新论——破坏社会主义经济秩序罪研究》，武汉大学出版社1998年版，第372页。

行为理应以信用证诈骗罪定性。

（二）在合法取得信用证后，产生诈骗打包贷款的故意，进而实施该行为，应如何处理？

刑法理论一般认为，既然这种情形下的信用证是合法取得的，便排除了构成信用证诈骗罪的可能，因而以合法取得的信用证骗取银行贷款的，属于单独的贷款诈骗罪。[1]

笔者认为，对于这类行为的处理，关键要注意行为人的诈骗故意以及其诈骗行为与信用证使用的关系。这是因为，行为人合法取得信用证本身并不可能构成信用证诈骗罪，其后骗取贷款的行为与使用合法的信用证并没有关系。如果以合法取得的信用证作担保取得贷款，行为人没有占有贷款目的，也没有其他欺骗行为，当然不可能构成任何犯罪。但是，如果行为人以非法占有为目的，使用合法取得的信用证作担保骗取金融机构贷款，或者用其他欺骗手段骗取金融机构贷款且其他手段并不独立构成犯罪的，则应以贷款诈骗罪对行为人的行为定性。因为在这类案件中，行为人使用合法取得的信用证作担保或者用其他欺骗手段等，本身并不独立构成犯罪，即行为人的行为只涉及贷款诈骗罪一个罪名，因此，对此行为以贷款诈骗罪定性是完全正确的。

---

1. 参见李文燕主编：《金融诈骗犯罪研究》，中国人民公安大学出版社 2002 年版，第 260 页。

（三）为诈骗打包贷款而先骗取信用证并以此为担保，诈骗银行贷款的行为，应如何处理？

对此，刑法理论上存在不同观点：第一种观点认为，这种行为属于法条竞合关系，应以信用证诈骗罪论处；[1] 第二种观点认为，这种情形属于牵连犯，应以信用证诈骗罪论处。[2] 我国《刑法》各种具体金融诈骗罪的法条之间一般不存在法条竞合关系，因此，笔者不同意信用证诈骗罪与贷款诈骗罪之间可能有法条竞合的情况存在。

另外，由于本类案件中行为人分别实施了两个行为，即骗取信用证并加以使用的行为，以及诈骗金融机构贷款的行为，因而也不属于想象竞合犯。依笔者之见，这种情况应属于刑法理论上的牵连犯，对行为人的行为也应按照从一重罪处断的原则进行处罚。

三、盗窃他人信用证后又使用行为的定性

对于盗窃他人信用证后又加以使用行为的定性，刑法理论上存在一些不同的观点。第一种观点认为，应定信用证诈骗罪，理由是：其一，窃取信用证只是窃取了财物权利，而没有

---

1. 参见马克昌主编：《经济犯罪新论——破坏社会主义经济秩序罪研究》，武汉大学出版社1998年版，第376页。
2. 参见刘远：《金融诈骗罪研究》，中国检察出版社2002年版，第423页。

窃取财物本身；其二，行为人使用自己窃取的信用证，主观上是意图实现对该信用证所具有的财物权利或者所代表财物的非法占有，从客观上看，使用本身就是一种诈骗行为，故符合以其他方法进行信用证诈骗活动的特征。[1]第二种观点认为，应该依牵连犯从一重处断的原则，依信用证诈骗罪论处，而不能因为《刑法》第 196 条第 3 款规定了盗窃信用卡并使用的牵连犯的处罚原则，就想当然地认为对盗窃信用证并使用的犯罪也参照这一规定直接依盗窃罪定罪处罚。[2]第三种观点认为，应当分别依照以下情况处理：其一，行为人意图盗窃财物，得逞后发现实际盗窃的是他人的信用证，遂利用其进行诈骗活动。这种情况下，行为人主观上存在着两个犯意，即盗窃故意和信用证诈骗的故意；客观上也实施了两个行为：一是盗窃行为，二是信用证诈骗行为。但这两个行为之间显然不存在刑法上的原因与结果或者手段与目的的牵连关系，因而不可能成立牵连犯，而应以盗窃罪和信用证诈骗罪实行并罚。其二，行为人意图诈骗而盗窃他人的信用证，并利用窃取的信用证骗取财物。这显然属于典型的牵连犯，应按照从一重处断的原则，以信用证诈骗罪定罪量刑。[3]

　　笔者认为，如同信用卡是记载财物的载体一样，信用证本

---

1. 参见薛瑞麟：《论信用证诈骗罪》，载《政法论坛》2000 年第 4 期。
2. 参见赵秉志主编：《金融诈骗罪新论》，人民法院出版社 2001 年版，第 407 页。
3. 参见李文燕主编：《金融诈骗犯罪研究》，中国人民公安大学出版社 2002 年版，第 266 页。

身并非一种财物而只是一种记载财物权利的载体，因此，如果行为人单纯盗窃信用证（不管是真实有效的信用证，还是伪造、变造的信用证）而并未加以使用，不可能实际导致他人财产的损失，因而也不可能单独构成盗窃罪。正因为如此，如果行为人盗窃信用证后加以使用，也就不可能有牵连犯问题存在。另外，信用卡和信用证在内容上也不尽相同。行为人使用盗窃的信用卡，是一种兑现财物的行为，在某种程度上是为了占有信用卡上记载的财物，这一目的和盗窃的目的完全吻合。但是，行为人使用盗窃的信用证，很难直接兑现财物，通常多是利用信用证实施相关的诈骗行为。因此，不能简单地将盗窃信用卡加以使用的行为与盗窃信用证加以使用的行为等同看待。依笔者之见，由于《刑法》中并没有关于盗窃信用证并加以使用如何定性的专门规定，且盗窃信用证本身并不独立构成盗窃罪，因此，应该以行为人的使用行为作为定性的依据，即认定行为人的行为构成信用证诈骗罪。

笔者的观点可以从《刑法》有关信用证诈骗罪的规定中找到依据，《刑法》第195条专门将骗取信用证的行为规定为信用证诈骗罪的一种形式，而笔者在前文中已经阐明，这里的骗取信用证构成信用证诈骗罪的行为中，行为人必须有使用行为，如果没有使用行为，行为人不可能构成信用证诈骗罪。由此分析，既然骗取信用证加以使用构成信用证诈骗罪，那么，盗窃信用证并加以使用以信用证诈骗罪定性也就顺理成章了。

四、信用证诈骗罪罪数的认定

由于我国《刑法》将伪造、变造信用证或者附随的单据、文件的行为，专门规定在伪造、变造金融票证罪之中，因而在司法实践中，对于既伪造、变造信用证或者附随的单据、文件，又用这些伪造或者变造的票证实施诈骗犯罪的情况，是否需要数罪并罚，颇有争议。有人认为，伪造、变造信用证的行为与使用伪造、变造的信用证进行诈骗行为之间形成刑法上的牵连关系，应按照处理牵连犯的原则，从一重罪从重处罚。一般情况下，应以信用证诈骗罪从重处罚。[1]也有人认为，上述情形不属于牵连犯，但却完全符合想象竞合犯的特征。因为在这种情形下，行为人只有一个诈骗故意，行为人的危害行为也只有一个，即使用伪造、变造的信用证或者附随的单据、文件的行为。而伪造、变造信用证或者附随的单据、文件的行为本身仅是这一行为无独立存在意义的要素。[2]

笔者认为，对于既伪造、变造信用证或者附随的单据、文件，又用这些伪造或者变造的票证，实施诈骗犯罪的案件，应该根据具体情况区别对待，而不能一概而论。如果行为人伪

1. 参见王晨：《信用证诈骗罪定性问题研究》，载《法学评论》2004年第5期。
2. 参见赵秉志主编：《金融诈骗罪新论》，人民法院出版社2001年版，第359—360页。

造、变造信用证或者附随的单据、文件，供自己进行诈骗，应以刑法原理中的牵连犯原则处罚，即从一重处断。如果行为人伪造、变造信用证或者附随的单据、文件，供他人进行诈骗活动，则应确定行为人与使用者之间是否存在共同故意，有共同故意的，双方均应按共同犯罪处理，即对行为人同样适用牵连犯的原则，从一重处断；没有共同故意的，则对行为人以伪造、变造金融票证罪论处，而对使用者（必须是明知者）应以信用证诈骗罪论处。

第五章

信用卡诈骗罪及其司法认定

　　我国 1979 年《刑法》中没有规定有关信用卡诈骗的犯罪，司法实践中一般对信用卡诈骗行为以诈骗罪论处。为了有效打击信用卡诈骗犯罪，1995 年全国人大常委会《关于惩治破坏金融秩序犯罪的决定》中首次具体规定了"信用卡诈骗罪"的罪名和法定刑，为惩治信用卡诈骗犯罪提供了法律依据。1997年《刑法》基本采纳了上述决定规定的内容，将信用卡诈骗罪作为一个独立的罪名明确加以规定，只是在原第三档法定刑中增加了"并处五万元以上五十万元以下罚金"的规定，并对"恶意透支"作了解释。修订《刑法》过程中，曾有许多人提出将信用卡诈骗罪归入票据诈骗罪中，但立法者从信用卡诈骗的特殊性角度考虑，最终还是将其独立成罪，这反映出立法者对信用卡诈骗犯罪问题的重视。1997 年《刑法》生效实施后，由于在涉及信用卡犯罪领域的司法实践中又出现了一些新的现象，全国人大于 2005 年 2 月 28 日通过了《刑法修正案（五）》，对信用卡诈骗罪作了一些修正。

第一节　信用卡诈骗罪概述

一、信用卡诈骗罪的立法依据

众所周知，信用卡是银行或有关机构发给资信较好的公司和有稳定收入的个人，便利其购买商品、取得服务或者提取现金的信用凭证。国际上通行的信用卡的信用在于持卡人可以以此为凭证，在暂时不支付现金的情况下先进行消费活动，如得到某些商品或接受某项服务，并在以后一定时间内再补足所欠款项。这也就是我们通常所称的透支行为。信用卡的这一特殊功能，不仅加速了商品流转，刺激了消费，而且还对促进市场经济的发展具有积极的作用。

随着市场经济的不断发展，信用卡的功能也在不断发展，人们在日常的生活和经济活动中，根据实际需要，也不断对信用卡的功能增添新的内容。在一些国家和地区，信用卡的使用已经相当普遍，信用卡在社会经济活动中的功能和作用也越来越大，如转账结算功能、消费信贷功能、自动存取款功能、支票保障功能（即在签发支票时出具信用卡，以防止签发空头支票）等。随着信用卡功能的不断发展以及信用卡在社会生活和经济活动中的不断渗透，信用卡业务的风险也不断增加。信用卡是以个人信用为前提的，而个人信用在很大程度上有许多不确定的因素。特别是信用卡作为一种大众化的支付工具，流通范围广、环节多，任何一个环节出现问题，都可能给发卡机构或者特约商户甚至持卡人带来风险或造成实际的经济损失。例如，发卡机构对客户的资信情况审查不严，有的不法分子伪造资信情况，蒙骗发卡机构取得信用卡；持卡人违反有关信用卡使用规则进行恶意透支；特约商户不严格按规定办理信用卡交易，甚至与持卡人勾结，共同欺骗发卡银行；非持卡人窃取他人信用卡密码和信用卡内容，用伪造的信用卡大量消费等。据统计，在一些发达国家和地区，信用卡诈骗所造成的损失，每年就高达数亿美元。可见，惩治和防范信用卡犯罪是世界各国和各地区共同面临的任务。目前，一些国家和地区对于惩治和防范信用卡方面的犯罪，采取了很多措施。除了从科学技术上积极研制一些防伪信用卡，还十分注意从法律的角度完善信用卡业务的管理以及惩治信用卡方面的犯罪。应该说，这些措施是十分有效的，也取得了一定成果。

　　与世界其他国家和地区一样，我国在信用卡业务不断发展的同时，有关信用卡方面的犯罪也在日益增多。特别是由于我国对信用卡业务的管理经验还不足，各项规章制度也有待完善，多多少少给违法犯罪分子以可乘之机。但是，对是否应该在《刑法》中专门规定"信用卡诈骗罪"这一罪名则有不同的看法。有人认为,信用卡诈骗罪从本质上分析仍然属于诈骗犯罪,刑法上没有必要将信用卡诈骗行为从一般诈骗罪中分离出来。也有学者主张,在银行业务中,信用卡属于金融票证的范围,《刑法》中完全可以设立一个相对较为统一的金融票证诈骗罪,而没有必要专门规定信用卡诈骗罪。笔者认为,从各国刑法理论和司法实践分析,信用卡诈骗与传统的财产诈骗虽然都属于"诈骗",但正如前文笔者在分析贷款诈骗罪时所指出的,无论从行为人的犯罪手段、行为所侵犯的犯罪客体、行为所侵犯的犯罪对象,还是从行为造成的社会危害性分析,信用卡诈骗与传统的财产诈骗均存在相当大的差异。如果继续将信用卡诈骗犯罪归入传统的诈骗罪,肯定会给司法实践带来许多问题,对惩治和防范信用卡犯罪也是极为不利的。

随着我国刑事立法的不断发展和完善,对于实践中某些发案率较高且我们对其惩治的经验积累较多的犯罪,完全可以通过立法在罪名上加以细化,以适应司法实践的需要。因此,虽然在《刑法》中专门规定"金融诈骗罪"一节在理论上还很值得探讨,但是,笔者认为,将信用卡诈骗从一般诈骗罪中分离出来确实有其必要性。另外,由于信用卡毕竟在功能和作用等方面与其他金融票证有很大的区别,如信用卡具有独特的提款、透支等功能。因此,信用卡诈骗犯罪的手段也必然会与其他金融票证诈骗犯罪的手段有所区别,而且有些特点相当明显。这也体现出《刑法》将信用卡诈骗单独设罪的必要性。

二、"信用卡"刑法含义的厘定

　　顾名思义，信用卡诈骗罪应该是一种利用信用卡进行诈骗的犯罪。但是，在时下的刑法理论和司法实践中，对何谓我国《刑法》信用卡诈骗罪中的"信用卡"，以及《刑法》中的"信用卡"与银行或者其他金融机构业务工作中的"信用卡"是否应该具有完全相等的含义等问题，颇有争议。产生争议的原因主要是：根据中国人民银行 1999 年发布的《银行卡业务管理办法》的规定，我国的银行卡包括信用卡和借记卡两种。其中，信用卡包括贷记卡 [1] 和准贷记卡 [2]。而在此之前中国人民银行 1996 年发布的《信用卡业务管理办法》则将贷记卡和借记卡均归入信用卡范围之内。换言之，随着银行业务活动的不断

---

1. 贷记卡是一种向持卡人提供消费信贷的付款卡，持卡人不必在发卡行存款，就可以先购买，后结算交钱。根据客户的资信及其他情况，发卡行给每个信用卡账户设定一个授信限额。这意味着，持卡人可以使用信用卡付账，只要累计不超过授信限额即可。一般发卡行每月向持卡人寄送一次账单，持卡人在收到账单后的一定宽限期内，可选择付清账款，则不需付利息；或者付一部分账款，或只付最低还款额，以后加付利息。

2. 准贷记卡是我国为了适应政治经济体制、社会发展水平、人民的消费习惯等，在发展有中国特色的信用卡产业过程中，创造的一种绝无仅有的信用卡品种。这种信用卡兼具贷记卡和借记卡的部分功能，一般需要交纳保证金或提供担保人，使用时先存款后消费，存款计付利息，在购物消费时可以在发卡银行核定的额度内进行小额透支，但透支金额自透支之日起计息，欠款必须一次还清，没有免息还款期和最低还款额。其基本特点是转账结算和购物消费。

拓宽，为了加强与国际接轨，时下在银行业务活动中，银行卡已经代替了原来的信用卡概念，并限定了信用卡的含义：仅指贷记卡，从而将借记卡从信用卡中分离出来。由于1997年《刑法》规定的信用卡诈骗罪中"信用卡"的含义显然是秉承中国人民银行1996年发布的《信用卡业务管理办法》规定的内容，也即既包括贷记卡，也包括借记卡，这就产生了一个问题：《刑法》信用卡诈骗罪中"信用卡"的含义是否需要随着银行业务管理工作中"信用卡"含义的变化而变化？

对此问题，在理论上有人认为，借记卡不是本罪的犯罪对象，主要理由是：其一，信用卡有着国际社会普遍认同的基本特征，我国的信用卡应遵循国际惯例；其二，信用卡诈骗罪的客观方面从一开始就包含恶意透支的行为，显然这一规制重点的设置是以信用卡具有透支功能为前提的，不具备透支功能的借记卡是不可能成为本罪对象的；其三，对于使用伪造的、作废的或者冒用他人的借记卡骗取财物数额较大的，可以相关的诈骗罪定罪处罚，并不会放纵利用借记卡实施犯罪的行为。

也有人不同意上述观点，认为借记卡也应该是本罪的犯罪对象，理由是：首先，在当时，我国商业银行发行的信用卡与国外发行的信用卡是不同的，国外发行的信用卡实行"后付卡"制度，即无需缴纳备用金就可办卡并使用，以后再补足款项，是纯正意义上的信用卡，而在我国，从各商业银行信用卡业务开展实际情况和社会认知看，是从广义的角度使用信用卡这一术语的。这就说明，我国刑法所指的信用卡不是狭义的信用卡，即贷记卡，而是包含着贷记卡、准贷记卡、借记卡在内的广义的信用卡。其次，从法秩序一致性角度而言，刑法是行政法、经济法、民商法的保障法，具有第二位属性，在将违反行政法、经济法、民商法的行为直接予以犯罪规定时，其使用的概念应来源于上位法，其含义当然应与上位法的概念一致。由于信用卡与借记卡分野于 1999 年的《银行卡业务管理办法》，在此之前，商业银行系统内只有信用卡之称而无银行卡之谓，故我国《刑法》只能以 1996 年的《信用卡业务管理办法》所规定的信用卡（即广义的信用卡）为规制对象。因此，《刑法》修订时立法本意上的信用卡是广义的信用卡，也即今天的银行卡，不能因为行政规范中有关名称的变更而改变《刑法》确定的内容。再次，信用卡的本质特征是一种信用支付工具，透支只是其众多功能中的一种，不能将功能与特征混淆。最后，既然法律上已明文规定了信用卡诈骗罪，就应充分有效地利用并发挥其应有的功能，防止条文的虚置。[1]

　　笔者认为，至少在对《刑法》中有关信用卡诈骗罪的规定未作修正之前，该罪中的信用卡理应包括借记卡。

　　首先，从《刑法》的立法原意分析。我国《刑法》在制定时，银行业务管理活动中的借记卡就包含在信用卡范围内，而我国《刑法》是依据银行业务管理活动中的相应行政法规制定的，其立法原意无疑是将借记卡归入信用卡诈骗罪规制的范围

---

1. 参见于天敏、张风彬：《浅议信用卡诈骗罪的几个问题》，载赵秉志主编：《新千年刑法热点问题研究与适用》（下），中国检察出版社 2001 年版，第 1397—1398 页。

之内。虽然之后银行业务管理活动中对信用卡的含义作了调整，但实际只是在名称上对信用卡进行了规范。按照银行现行管理办法的规定，现在的银行卡实际上就是以前的信用卡，而现在的信用卡则仅指贷记卡，不包括借记卡。这种行政法规中对定义的变化固然是出于其管理工作的需要，对今后完善和修正《刑法》规定有一定的借鉴作用，但是，这种变化不能也不应该成为影响或改变《刑法》立法原意的理由。依笔者之见，如果今后有关信用卡诈骗罪的刑事立法发生变化，也应该是将《刑法》中的信用卡诈骗罪改为银行卡诈骗罪，而不应该缩小信用卡诈骗罪的范围，将借记卡排除在信用卡外，片面地将信用卡诈骗仅理解为是贷记卡诈骗。

其次，从《刑法》的规定分析。我国《刑法》关于信用卡诈骗罪的行为方式共规定了四项，其中只有恶意透支不在借记卡使用范围内，而其他如使用伪造的借记卡、使用作废的借记卡、冒用他人的借记卡等都可能与贷记卡诈骗造成一样的社会危害。更何况，时下人们日常生活中使用最广泛的主要还是借记卡，借记卡在实际数量和使用频率上远远大于贷记卡，因而实践中发生借记卡诈骗的可能性要比贷记卡诈骗高得多。由此可见，我国《刑法》的规定实际上已经考虑到借记卡与贷记卡在许多功能上具有相同之处，因而在立法时，立法者已将借记卡纳入信用卡诈骗罪规制的范围之内。

再次，从刑法理论上分析。正如前述，借记卡和贷记卡的主要区别在于是否具有透支功能，而在其他功能上，二者并无实质性的区别。正是由于这一点，除在恶意透支这一信用卡诈骗形式上有所不同，利用借记卡进行诈骗和利用贷记卡进行诈骗不应该有实质性的区别。从刑法理论上分析，没有必要对利用具有基本相同功能的借记卡与贷记卡进行诈骗的行为分别加以惩治。例如，当一个人拿着伪造的贷记卡在取款机上取款，而另一个人拿着伪造的借记卡在取款机上取款，他们实施了同样的行为，造成了同样的危害，但前者要以信用卡诈骗罪定罪，而后者则以一般诈骗罪定罪，且两者可能因法定刑的不完全相同而受到不同的处罚，这显然不符合刑法的基本原理。

最后，从刑事司法的实际处理角度分析。笔者认为，如果将借记卡从信用卡诈骗罪规制的范围内分离出来，实践中就有可能引发一些难题，例如，某个人拿着一张伪造的贷记卡和一张伪造的借记卡到取款机上取款，由于借记卡不属于信用卡，所以行为人应构成两个犯罪（即信用卡诈骗罪和诈骗罪），并被数罪并罚。但是，如果行为人拿着两张贷记卡到取款机上取款，且取得与上述同样数额的款项，则对行为人只能以信用卡诈骗罪一罪定罪处罚。这种同行为不同罚的做法，显然有悖于刑法的立法精神。另外，上述案例中，如果行为人使用伪造的借记卡和伪造的贷记卡取款总数已达到某一犯罪的要求，但分别计算取款的数额则均未达到犯罪的要求，这样要对其进行数罪并罚十分困难。相反，如果按一罪处理，则根本不存在这些问题。由此可见，将借记卡纳入信用卡诈骗罪的规制范围，也是实际处埋案件的需要。

2004年12月29日，全国人大常委会《关于〈中华人民共和国刑法〉有关信用卡规定的解释》根据司法实践中遇到的情况，讨论了《刑法》规定的"信用卡"含义问题，并作出以下解释："刑法规定的'信用卡'，是指由商业银行或者其他金融机构发行的具有消费支付、信用贷款、转账结算、存取现金等全部功能或者部分功能的电子支付卡。"这一解释内容显然与笔者的观点完全一致。毫无疑问，该立法解释事实上将实践中引发颇多争议的借记卡诈骗案件纳入了《刑法》中有关"信用卡"犯罪的处罚范围。在刑法意义上，借记卡今后将一律被视为"信用卡"，有关借记卡犯罪的司法实践混乱局面将得以消除，从而更加有力地打击利用银行卡实施的犯罪活动。笔者认为，立法解释对"信用卡"的规定非常符合我国现状，有利于统一执法，打击犯罪。

第二节　信用卡诈骗罪疑难问题辨析

一、使用以虚假的身份证明骗领的信用卡行为的认定

正如前述，1997年《刑法》规定信用卡诈骗有四种形式：使用伪造的信用卡、使用作废的信用卡、冒用他人信用卡和恶

意透支，2005 年《刑法修正案（五）》在第一种形式后面又增加了一种情况，即使用以虚假的身份证明骗领的信用卡的行为。

　　所谓"使用以虚假的身份证明骗领的信用卡"，是指行为人使用以伪造的身份证等虚假的身份证明材料所骗领的发卡银行发放的信用卡的行为。应该看到，在较长时间里，刑法对于"使用以虚假的身份证明骗领的信用卡"，并未作具体规定。只是在 1995 年 4 月 20 日最高人民法院、最高人民检察院《关于办理利用信用卡诈骗犯罪案件具体适用法律若干问题的解释》中规定："对以伪造、冒用身份证和营业执照等手段在银行办理信用卡或者以伪造、涂改、冒用信用卡等手段骗取财物，数额较大的，以诈骗罪追究刑事责任。"但同年全国人大常委会《关于惩治破坏金融秩序犯罪的决定》首次规定信用卡诈骗罪时对这种骗领信用卡进行诈骗的行为没有作出规定，1997 年《刑法》修订时仍然没有规定这种行为，直到《刑法修正案（五）》才将该种行为归入信用卡诈骗罪之中。《刑法修正案（五）》之所以对刑法规定作上述修正，主要是因为随着社会生活中信用卡使用的范围愈来愈广泛，司法实践中存在大量使用骗领信用卡的现象。有的行为人虚构持卡人的名义，制作相应的虚假身份证件，骗领信用卡，由于名义上所谓的"持卡人"根本不存在，即使该信用卡发生了巨额透支，银行也根本无从查证，更无法挽回经济损失。还有的行为人冒用他人的名义以及身份证件冒领信用卡，致使他人为其承担恶意透支责任。

　　司法实践中"使用以虚假的身份证明骗领的信用卡"情况

较为复杂，主要可以分为两种情况：第一，虚构一个并不存在的申请人的身份证信息骗领信用卡并使用的；第二，用他人的身份证信息骗领信用卡并使用，但他人并不知情的。对于前者一般比较容易理解，而对于后者则要特别注意。司法实践中，经常发生这样一类案件：行为人盗用他人的真实身份证，以他人名义在银行办理信用卡后，用来恶意透支。这在表面上似乎是"冒用他人信用卡"的情形，不属于"使用以虚假的身份证明骗领的信用卡"。但从实质而论，行为人并非经合法授权为他人代办信用卡，而是盗用他人名义骗领信用卡供自己使用。既然是为自己办信用卡供自己用，就应当向发卡银行提供自己的真实身份证明。提供他人的身份证来为自己办信用卡，这应当评价为"使用虚假的身份证明骗领信用卡"。即便行为人不是想用来骗取财物，也可能构成《刑法修正案（五）》所增补的妨害信用卡管理罪。如果将这种行为解释为是"冒用他人信用卡"，那就意味着是对其办理信用卡行为的一种认可，并且应当由信用卡的名义人来承担诈骗行为所造成的财产损失，这显然是不合理的。由此可见，只要不是使用以自己的身份证信息申请的信用卡的都有可能构成信用卡诈骗罪。当然，在现实生活中，也有可能存在经他人同意或授权，用他人身份证信息申请信用卡的情况，这种情况一般按照违规行为处理。只要申请人遵循信用卡管理办法和章程的规定正当使用信用卡的就不能认为构成犯罪，因为这种行为可以视为真实身份人的委托授权行为，银行不会因为行为人恶意透支而找不到相关责任人，一旦发生恶意透支行为，对真实身份人可以以信用卡诈骗罪论处。

应该看到，与信用卡诈骗罪新增设使用以虚假的身份证明骗领的信用卡行为方式相对应，《刑法修正案（五）》第1条还专门规定了妨害信用卡管理的犯罪，在该犯罪四种表现形式中就包含"使用虚假的身份证明骗领信用卡的"行为。需要指出的是，"使用以虚假的身份证明骗领的信用卡的"行为与"使用虚假的身份证明骗领信用卡的"行为是既有联系又有区别的行为。前者虽然是以后者行为的存在为前提，但其属于信用卡诈骗罪的行为方式之一，而后者则是属于妨害信用卡管理犯罪的行为方式之一。因此，如果行为人使用虚假的身份证明骗领信用卡后又加以使用的，对行为人的行为应以信用卡诈骗罪定性。因为在这种情况下，行为人的骗领行为实际上是使用行为的前提条件，两者具有牵连关系，且信用卡诈骗罪的法定刑明显重于妨害信用卡管理罪的法定刑。如果行为人使用虚假身份证明骗领信用卡后没有使用，对该行为不能认定为信用卡诈骗罪（预备），而应该构成妨害信用卡管理犯罪。而且这种情况没有数额的要求，行为人一旦用虚假的身份证明骗领了信用卡就构成犯罪。

二、恶意透支行为的认定

《刑法》第196条规定："恶意透支，是指持卡人以非法占有为目的，超过规定限额或者规定期限透支，并且经发卡银行催收后仍不归还的行为。"就这一规定分析，笔者认为，构成恶意透支形式的信用卡诈骗罪须满足以下几个条件。

其一，行为人为合法持卡人。这是区别于其他形式的信用卡诈骗罪的关键。时下，在理论上和实践中对于合法持卡人利用有效真卡进行恶意透支和合法持卡人与他人合伙利用有效真卡异地恶意透支这两种形式并无异议，但对于持卡人利用无效真卡恶意透支行为的定性则颇有争议。笔者认为，《刑法》规定的"恶意透支行为"理应属于合法持卡人利用有效真卡进行透支的行为。从逻辑上讲，行为人实际上并非不能透支，只不过其主观上具有恶意。持卡人利用无效真卡恶意透支的情况则完全不同，尽管其利用的信用卡是由金融机构发出的，但是这种卡已经无效，即该卡属于已经作废的卡。利用作废的信用卡进行恶意透支，其实质已经不是违反透支规定的问题，而是"使用作废的信用卡"的问题了。在这种情况下，行为人并非合法持卡人，所以不能以恶意透支形式的信用卡诈骗罪定性。同样，行为人如果冒用他人的信用卡或使用伪造的信用卡恶意透支，也应以《刑法》中"冒用他人信用卡"或"使用伪造的信用卡"形式的信用卡诈骗罪认定。

另外，理论和实践中对于行为人在办理信用卡申领手续时，采取虚构申领人姓名、资信、担保等资料，骗取金融机构信任取得信用卡后又恶意透支的行为应如何定性问题颇有争议。有人认为，这种情况应以诈骗罪定罪量刑，因为骗领信用卡的人不是信用卡的合法持有人，不符合恶意透支的主体条件。[1]有人则认为，这种情况应以信用卡诈骗罪中的恶意透支行为认定，因为《刑法》第196条并没有规定恶意透支的主体必须是信用卡的"合法持有人"，而只是规定为信用卡的"持卡人"。[2]笔者不同意上述观点，理由是：实际上根据《刑法修正案（五）》第2条增加的有关"使用以虚假的身份证明骗领的信用卡的"这一条款，我们就能对实践中普遍出现的使用以虚假的身份证明骗领的信用卡恶意透支的行为正确加以定性。依笔者之见，这种行为实际上是"假"人使用"真"卡进行信用卡诈骗活动，并不符合"恶意透支"行为人必须是合法持卡人（即"真"人使用"真"卡进行信用卡诈骗活动）的要求。就此而言，笔者认为，对于以虚假的身份证明骗领的信用卡恶意透支的行为，理应以经修正后的《刑法》第196条第1款第1项规定中的"使用以虚假的身份证明骗领的信用卡的"行为定性。

其二，行为人在主观方面具有恶意。行为人在主观上必须出于直接故意，并且具有非法占有的目的。这里所谓的恶意是善意的对称，是指行为人明知自己的行为会发生危害社会的结果，而希望这种结果发生。行为人在明知自己信用卡账户上没有资金或资金不足的情况下，故意违反信用卡章程和申领信用

---

1. 参见孙军工：《金融诈骗罪》，中国人民公安大学出版社2003年版，第177—178页。

2. 参见游伟、肖晚祥：《信用卡诈骗罪的理论界定与司法适用》，载赵秉志主编：《新千年刑法热点问题研究与适用》（下），中国检察出版社2001年版，第1371页。

卡协议中有关限额、限期透支的规定而进行透支。这种恶意集中表现为持卡人具有非法占有发卡机构资金的目的。恶意透支和善意透支仅仅一字之差，但却具有完全不同的法律后果。从透支行为的主观过错方面看，持卡人是否具有非法占有发卡人资金的主观故意，是区分善意透支与恶意透支的标准。有人认为，善意透支可分为完全合法的善意透支和善意的不当透支两种情形，而后者为其主要表现形式。[1] 所谓合法的善意透支，是指持卡人遵照信用卡章程和有关协议的规定，在规定的限额和规定期限内透支，主动偿还透支款项和透支利息的行为。而善意的不当透支则指持卡人虽然超越了信用卡章程及有关协议规定的限额或期限透支，但行为人主观上不具有非法占有目的，在银行催收后，能及时归还透支款项和透支利息的行为。行为人超过规定透支，一般为过失所致，但持卡人也可能基于某种紧急事由故意为之。这种不当透支，虽然客观上呈现出某种违法性或违规性，但由于行为人并不具有非法占有的目的，因此不构成恶意透支，持卡人除了依规定和协议加倍偿付利息，无需承担其他任何责任。有人根据危害性程度不同，把恶意透支分为违法型和犯罪型两种情形。[2] 前者透支数额小，情节显著轻微，尚不够刑事处罚；后者数额较大或情节恶劣，应予刑事处罚。上述分类符合罪刑法定的基本原则。与此类似，

---

1. 参见韩良主编：《银行法前沿问题案例研究》，中国经济出版社 2001 年版，第 214 页。

2. 参见柯葛壮：《论利用信用卡恶意透支犯罪》，载《政治与法律》1999 年第 1 期。

有人把恶意透支分为违规型和犯罪型。[1]违规型恶意透支是指不以非法占有为目的，但超过了银行规定限额或期限透支的行为。持卡人主观上并不想逃避偿还透支责任，客观上透支由本人偿还，超过本人实际偿还能力时，由担保人偿还。犯罪型恶意透支则是指持卡人以非法占有为目的，拒绝偿还或变相拒绝偿还且数额较大的透支行为。笔者认为，违规型恶意透支所界定的行为与不当的善意透支实质相同，不宜称为恶意透支。对情节轻微的恶意透支，也不宜以犯罪论。

实践中，区分恶意透支和善意透支，可以从以下几个方面加以把握：（1）考察行为人透支的动机。善意透支的行为人往往是急需用钱，出于无奈才进行透支；而恶意透支的行为人则并非一定急需用钱或出于无奈。（2）考察透支款项的用途。善意透支的行为人往往是将透支的钱用于正当消费；而恶意透支的行为人则会将透支的钱用于挥霍。（3）考察行为人的偿还能力。善意透支的行为人往往具有偿还能力，其透支的金额一般也会在偿还能力范围之内；而恶意透支的行为人则不具有偿还能力，其透支的金额与偿还能力一般不具有联系。（4）考察行为人透支后的态度。善意透支的行为人在透支后往往会及时向发卡行注入资金、补足透支款项并按规定交纳因透支所产生的利息，如果因偿还能力弱而不能及时还款，一般也能积极筹款设法偿还；而恶意透支的行为人则因具有非法占有的目

---

1. 参见苏正洪：《论信用卡恶意透支的识别与防范》，载《上海市惩治和预防金融欺诈高级研讨会论文集》（1995 年）。

的，不可能有任何偿还的打算，往往采取逃避或潜逃等手段拒不归还透支款。值得注意的是，最高人民法院、最高人民检察院《关于办理妨害信用卡管理刑事案件具体应用法律若干问题的解释》（2018年修正）第6条第3款对"以非法占有为目的"作出了进一步的界定。根据该款，持卡人有下列情形之一的，应当认定为《刑法》第196条第2款规定的"以非法占有为目的"：（1）明知没有还款能力而大量透支，无法归还的；（2）使用虚假资信证明申领信用卡后透支，无法归还的；（3）透支后逃匿、改变联系方式，逃避银行催收的；（4）抽逃、转移资金，隐匿财产，逃避还款的；（5）使用透支的资金进行犯罪活动的；（6）其他非法占有资金，拒不归还的情形。

其三，行为人有超限情况。这里所谓的超限应包括超过规定限额和超过规定期限两种情况。超过规定限额，是指超过信用卡章程和申领信用卡协议明确规定的透支限额。超过规定期限，是指超过信用卡章程和申领信用卡协议明确规定的允许透支的期限。需要指出的是，这里所指的超过规定期限是相对于持卡人限额以内的透支而言，对于行为人超过规定限额的透支是不存在所谓规定期限问题的。

其四，经发卡银行催收后仍不归还。根据现行法律规定，持卡人虽然违反了有关透支的规定，但只要经发卡银行催收后予以归还，就不构成恶意透支，只有经过催收后仍不归还的，才构成恶意透支。对于恶意透支是否必须以"经发卡银行的催收后仍不归还"为必要要件，理论上有人持不同观点。有人认为，《刑法》规定的这一要件与犯罪实际状况不相符合，主要理由是：首先，信用卡所有人在发卡银行申领信用卡时双方就签订了合同，这表明信用卡所有人此时就已经了解发卡银行关于透支的规定，明确了允许透支的数额和期限，对明知故犯的行为不必再附加任何条件就可以确定其为违规、违法行为。如再规定"催收"等条件，无疑是对已有规定的否定，这样既不利于培养信用卡所有人遵纪守法的观念，也不利于公安司法机关依法有效打击违法犯罪活动。其次，发卡行是否催收难以认定，持卡人往往以各种理由否认银行曾经催收过，使公安司法机关在侦查时难以固定犯罪证据，认定此类犯罪。再次，由于人口流动频繁等原因，发卡银行有时在催收时找不到持卡人，催收较为困难，特别是犯罪嫌疑人恶意透支后逃之夭夭，发卡银行根本无法催收，致使催收成一纸空文。最后，发卡银行在进行催收之前、催收期间或者催收后不满三个月的，公安机关按规定不能立案侦查和采取必要的强制措施，也不能扣押、冻结其财产，而等催收不还之后再立案查处时犯罪嫌疑人可能早已逃离，这显然对打击犯罪、防范金融风险极为不利。[1]

　　笔者认为，上述观点是不妥当的。根据最高人民法院、最高人民检察院《关于办理妨害信用卡管理刑事案件具体应用法律若干问题的解释》第 6 条第 1 款的规定，《刑法》第 196 条规定的"恶意透支"是指持卡人以非法占有为目的，超过规定限额或

---

1. 参见蒋华、柏利忠：《论信用卡恶意透支犯罪的构成》，载赵秉志主编：《新千年刑法热点问题研究与适用》(下)，中国检察出版社 2001 年版，第 1420 页。

者规定期限透支，并且经发卡银行两次有效催收后超过 3 个月仍不归还的行为。既然《刑法》及相关司法解释已有明文规定，按照罪刑法定的原则，在认定恶意透支型信用卡诈骗罪时，必须以"经两次催收后仍不归还"作为构成恶意透支的要件。司法解释将原来《刑法》中规定的"经发卡银行催收后仍不归还"替换为"经发卡银行两次有效催收后超过 3 个月仍不归还"，将一次催收扩展为两次催收，是银行部门以及司法实践部门充分认识到现代社会人员流动性大等一系列原因导致的一次催收往往不能有效送达的必要性反应。两次催收应是两次"有效性催收"而非"程序性催收"，且两次催收之间应该有一定的时间间隔，催收方式应该及时有效。从法理上分析，"以非法占有为目的"与"经催收后仍不归还"是判定行为人的行为是否为恶意透支的两个方面，缺一不可。即使行为人具有巨额恶意透支后携款潜逃，或者明知无力偿还，透支数额超过信用卡准许透支的数额较大，逃避追查的行为，也必须经过银行的两次催收后超过 3 个月不归还才能认定其恶意透支行为构成犯罪。

应该看到，《刑法》与司法解释之所以对恶意透支的构成作如此限定，完全是因为恶意透支型信用卡诈骗罪与其他几种形式的信用卡诈骗罪具有本质的区别。正如前述，恶意透支型信用卡诈骗的持卡人是合法持卡人，其与银行之间具有客观合法的法律关系。而使用伪造的信用卡、使用虚假的身份证明骗领的信用卡、使用作废的信用卡以及冒用他人信用卡这四种方式的行为人与银行之间并不存在这种合法的法律关系。由此分析，采用这四种方式实施信用卡诈骗犯罪的行为人在主观恶性上要远远大于恶意透支型信用卡诈骗犯罪的行为人。所以，从法律上对恶意透支型信用卡诈骗罪规定更高的入罪门槛是合理且必要的。

至于上述观点中提出的"催收"难以认定的问题，笔者认为，我们不能因为犯罪分子可能利用催收期间的空隙逃之夭夭，不利于打击犯罪，而取消入罪条件。正如前文所述，恶意透支型信用卡诈骗罪有其特殊性，我们有必要延缓刑法介入的时间点。

此外，根据上述司法解释的规定，恶意透支的量刑数额是其他法定情形数额标准的 10 倍，这体现了对恶意透支行为的区别对待。该司法解释同时还明确了恶意透支数额的计算方法。根据该司法解释，恶意透支数额是指公安机关刑事立案时尚未归还的实际透支的本金数额，不包括利息、复利、滞纳金、手续费等发卡银行收取的费用。对于偿还透支款的，该司法解释规定，恶意透支数额较大，在提起公诉前全部归还或者具有其他情节轻微情形的，可以不起诉。在一审判决前全部归还或者具有其他情节轻微情形的，可以免予刑事处罚。

三、金融机构工作人员利用信用卡侵吞财产行为的认定

司法实践中，经常发生一些金融机构工作人员利用信用卡

业务侵吞财产的情况，由于这种情况的发生与金融机构工作人员的职务直接相关，因而实践中对他们的行为的定性不是很一致。笔者认为，对于金融机构工作人员利用信用卡业务侵吞财产行为的定性，应依照《刑法》的规定综合考虑。金融机构工作人员利用信用卡业务侵吞财产的情况主要有以下几种。

第一种情况：在信用卡代办机构或银行等金融机构中从事或受托从事办理信用卡业务的工作人员，利用办理信用卡业务的职务之便，骗取持卡人已填写好的取款单，自行兑现，骗取较大数额的现金。

对于这种情况，理论上有人主张以贪污罪或职务侵占罪定罪，也有人主张以信用卡诈骗罪定罪。笔者认为，在处理上述情况时，应根据金融机构工作人员的身份，对行为人分别以贪污罪或职务侵占罪论处。这是因为，这种情况完全符合贪污罪和职务侵占罪的构成要件，而且行为人占有财产的行为主要是利用了行为人的职务之便。虽然从形式上看，行为人占有了持卡人卡上的存款，但持卡人存放在金融机构的款项理应看作银行的资金，而且这是金融机构内部人员实施的行为，所造成的实际损害应该是银行的资金。

第二种情况：金融机构工作人员持自己的信用卡在取款机上取款后，利用其管理信用卡业务的职务便利，在银行计算机内存流水账中非法删除自己的提款记录非法占有金融机构资金。

对于这种情况，笔者认为也应该根据金融机构工作人员的不同身份，对行为人分别以贪污罪或职务侵占罪论处。理由基本同前述，且这种情况在形式上更符合贪污罪或职务侵占罪的特征。

第三种情况：金融机构工作人员与使用人勾结，利用其办理信用卡业务的职务便利，将他人信用卡的密码与账号告诉使用人，使用人则使用盗窃或拾得的信用卡获取款项，并与金融机构工作人员分赃。

对于这种情况的处理，有人主张以贪污罪或职务侵占罪定罪，也有人主张以盗窃罪或信用卡诈骗罪定罪。笔者认为，对这种内外勾结行为的定性，关键看该行为是否主要利用金融机构工作人员的职务之便。在这种情况中，行为人真正占有财产的手段是盗窃或冒用行为，而这些行为与金融机构工作人员的职务没有直接联系。尽管金融机构工作人员是利用了职务之便，将他人信用卡的密码与账号告知了使用人，但这仅仅是为使用人占有财产提供了条件。因此，这种情况不能以贪污罪或职务侵占罪定性，而主要应根据使用人行为的性质分别予以考虑。如果使用人盗窃了他人信用卡并与金融机构工作人员勾结，冒用他人信用卡的，对有关人员均应按盗窃罪定罪处罚。因为《刑法》第196条规定，盗窃信用卡并使用的，以盗窃罪论处。如果使用人拾得他人信用卡并与金融机构工作人员勾结，冒用他人信用卡的，对有关人员则应按信用卡诈骗罪定罪处罚。因为拾得行为如果要构成侵占罪，必须具有拒不交还的要件，但在这类案件中很难有这种条件存在，而行为人的冒用行为则完全符合信用卡诈骗罪的特征。

第四种情况：特约商户从业人员利用收银职务之便，在顾客使用信用卡消费结算时，私下重复刷卡，侵吞信用卡资金。

对于这种盗划信用卡行为应如何定性，理论界有不同观点：有人认为，这种情况中的行为人实际是以隐蔽方式直接窃取持卡人或发卡行的财产，符合盗窃罪的特征，情节严重的，应以盗窃罪论处。[1]有人则认为，对此情况应以贪污罪或职务侵占罪定性，理由是：特约商户从业人员利用收银之便盗划信用卡，符合贪污或职务侵占罪中具有经手保管财物之便的条件；他人信用卡的资金是特约商户从业人员直接截留的，属于典型的侵吞行为，至于重复刷卡和模仿签名的行为只是其侵占行为的掩饰手法，这与冒用他人信用卡以假冒签名骗取财物的欺诈手法不同。[2]还有人认为，从行为特征上看，盗划信用卡是将他人的信用卡重复刷卡，并要模仿持卡人的笔迹签名填签购单，其行为符合冒用他人信用卡的特征。对此，有人进一步认为，即使盗划信用卡的行为完全符合职务侵占罪的构成要件，这种行为也属法条竞合，应按从一重处罚原则，选择适用信用卡诈骗罪为妥。[3]

笔者认为，对于这种情况以信用卡诈骗罪定罪较为妥当。

---

1. 参见于英君：《银行信用卡犯罪的类型及定性研究》，载《法学》1995年第6期。
2. 参见刘华：《信用卡犯罪中若干疑难问题探讨》，载《法学》1996年第9期。
3. 参见侯放、柯葛壮主编：《信用证信用卡外汇违法犯罪的防范与处罚》，中国检察出版社1999年版，第301—302页。

其理由是：首先，特约商户从业人员只有收银职务之便，而无管理信用卡业务的职务便利，其通过重复刷卡所侵吞的信用卡资金并非在其职务控制之下；其次，特约商户从业人员最后侵吞的财产，实际上是信用卡持卡人的财产，而不是特约商户本单位的财产，而贪污罪或者职务侵占罪行为人所侵吞的只能是本单位的财产；最后，特约商户从业人员要通过盗划信用卡获取财产的话，必须假冒他人签名，否则不可能实际占有财产，而盗划他人信用卡后又假冒他人签名的行为完全符合信用卡诈骗罪中"冒用他人信用卡"的特征。因此，对这种情况以信用卡诈骗罪定罪处罚是符合《刑法》规定的。

四、侵害他人网银账户、微信钱包、支付宝账户内财产行为的认定

当人们开通网银账户，或者将微信钱包、支付宝账户与自己的银行卡绑定时，银行卡与这些财产性网络账户之间的关系就变得格外紧密。一方面，财产性网络账户中的财产来源于银行卡，在不绑定银行卡的情况下，财产性网络账户的功能性意义将大打折扣。另一方面，人们通过操作财产性网络账户，可直接从银行卡中转出资金，前者事实上成为了后者支付功能的延伸。于是，在网络时代新型支付方式下，传统侵财犯罪逐渐为网络侵财犯罪所取代。其中，非法获取他人账号、密码，侵

害他人财产性网络账户内财产的行为极为常见，其应定性为盗窃罪、诈骗罪还是信用卡诈骗罪，成为一个颇具争议的问题。

对于非法获取他人支付账号、密码并在网络上使用的行为，司法实践中多采盗窃罪的观点。如方某某盗窃案，行为人从互联网上获得被害人的中国农业银行信用卡、密码、身份证等数据后，连续 5 次将共计人民币 1000 元从被害人的农业银行信用卡上转账到"爱波"网站，又从"爱波"网站转账到其以假名"曾银国"在中国工商银行汕头市金樟支行开设的账户上。后行为人又将上述被害人的信用卡资料传输给某网友，由该网友解除网上银行支付额度限制后，以上述同样方法获得被害人信用卡内人民币 3468 元。[1] 审理法院将方某某的行为定性为利用计算机型的盗窃。

然而，非法获取他人支付账号、密码并在网络上使用，与非法获取他人信用卡并在 ATM 机上使用没有本质区别。对前者的定性可以比照对后者的定性处理。但对于后者的定性，理论上一直争议不断。例如，拾得他人信用卡并在 ATM 机上使用便历来存在着盗窃罪与信用卡诈骗罪的认定分歧，其争议的焦点就在于"机器能否被骗"。如果认为机器能够被骗，那么拾得他人信用卡并在 ATM 机上使用行为构成信用卡诈骗罪。如果认为机器不能被骗，那么该行为便只能构成盗窃罪。事实上，如果将 ATM 机换成网上银行、微信、支付宝后，情况可

---

1. 江苏省无锡市滨湖区人民法院（2008）锡滨刑初字第 0082 号刑事判决书。

能显得更为复杂。在网络时代，行为人不必亲自去 ATM 机上取款，而只需获得他人网上银行、微信、支付宝的账号、密码，即可轻松完成转账、提现乃至消费行为。从性质上看，网上银行、微信、支付宝均非由自然人坐镇、把关的实体柜台，而是完全通过账号、密码来识别客户，不存在面对面的身份核验程序，故网上银行、微信、支付宝虽非机器，却在识别方式上依赖于类似机器的信息系统和程序。于是欲认定非法获取他人支付账号、密码并在网络上使用行为的性质，也就当然不可能回避机器能否被骗，以及针对机器所实施的行为可否成立诈骗罪的问题。

有学者认为机器不能被骗。其理由大致有以下几点：第一，从"诈骗"的基本含义来看，受骗人只能是自然人；第二，诈骗罪有特定的构造，如果认为计算机等机器也可能成为受骗人，则导致诈骗罪丧失定型性；第三，机器已经具有人的诸多特征的观点难以成立，倘若将机器当作人看待，那将机器砸坏取走其中现金的行为就成立抢劫罪了，没有人会赞成这样的结论；第四，大陆法系及英美法系的刑法理论及审判实践均认为，诈骗罪的受骗人只能是自然人，不能是机器。因而拾得信用卡并使用的，应定盗窃罪而非信用卡诈骗罪，信用卡诈骗罪仅限于行为人在柜台上使用信用卡的情形。[1]另有一些学者也认可机器不能被骗。但不同的是，有学者指出，机器本身虽

---

1. 参见张明楷：《许霆案的刑法学分析》，载《中外法学》2009 年第 1 期。

不能被骗，但机器是按人的意志来行事的，机器背后的人可能受骗，拾得他人信用卡在 ATM 机上使用的行为可以构成信用卡诈骗罪。[1] 还有学者进一步指出，机器的确不能成为诈骗的对象，但是这并不意味着作为机器主人的自然人不能上当受骗。[2] 在论证过程上，有些学者采用"间接受骗说"，指出"信用卡诈骗同传统诈骗罪相比，受欺骗具有间接性，即以智能化了的计算机作为中介，实质上是使计算机背后的人受了骗。同时，人处分财物也具有间接性，即由计算机代替人处分财物，并非是人直接处分财物"。[3] 有些学者则采用"代理行为说"，认为"现代社会中的智能机器的作用是代理行为，而不是保障安全：行为人实际上是利用机器主人迷信机器的特点来使机器主人上当受骗"。[4]

笔者认为，上述各位学者的观点其实均是围绕着 ATM 机（包括网络）等的性质展开的，不同点主要在于：有些学者将 ATM 机等视为"机器"，而有些学者则将 ATM 机等视作"人"。而依笔者之见，ATM 机等既非"机器"也不是"人"，而完全应该是"机器人"。之所以认为其不是"机器"，是因为我们通过电脑编程等赋予了 ATM 机等一些"人脑功能"（如 ATM 机实际具有的识别功能）。之所以认为其不是"人"，则

---

1. 参见张明楷：《许霆案的刑法学分析》，载《中外法学》2009 年第 1 期。
2. 参见刘明祥：《再论用信用卡在 ATM 机上恶意取款的行为性质——与张明楷教授商榷》，载《清华法学》2009 年第 1 期。
3. 参见黎宏：《欺骗机器取财行为的定性分析》，载《人民检察》2011 年第 12 期。
4. 黎宏：《欺骗机器取财行为的定性分析》，载《人民检察》2011 年第 12 期。

是因为 ATM 机等除具有上述被赋予的识别等"人脑功能"之外，并不具有人所具有的其他功能，即其不读书、不看报，没有情感，不谈恋爱，永不休息。需要指出的是，笔者将 ATM 机等比作"机器人"并非有意玩弄文字游戏，而仅仅是为了说明这一基本原理：即如果行为人利用"机器人"所具有的"人"的认识错误非法占有财物，其行为理应构成诈骗类的犯罪，而如果行为人只是利用"机器人"本身具有的"机械故障"非法占有财物，其行为当然应构成盗窃类的犯罪。要正确判断"机器人"能否被骗，关键看其是否因为行为人的欺骗行为产生认识错误，这就要从"机器人"的识别能力与识别方式上考虑。具有识别功能的 ATM 机与自动售货机均可以被视作"机器人"。单纯的机械不能被骗，但具有识别功能的"机器人"则完全可能被骗。

第一，从人工智能科学的角度看，"机器人"有别于普通机械，具有认识、判断进而表达意思的能力，该能力来源于信息计算程序的设定。"机器人"可以作出相当程度的认识、判断与表达早已成为现实。现代计算机科学之父图灵早在 1950 年就曾发表《机器能思考吗？》的论文，第一次提出了机器思维等人工智能领域的概念，并且创造了著名的"图灵测试"。[1] 六十多年后的今天，人工智能已经发展到了匪夷所思的地步，英国某大学的电脑伪装成 13 岁男孩，成功通过了"图灵测

---

1. 图灵测试是验证电脑是否具备与人类相似的思考能力的一个著名测试。

试"。[1]谷歌公司开发的围棋智能程序"AlphaGo"依靠"深度学习"的工作原理，与中日韩数十位围棋高手进行快棋对决，连续60局无一败绩。[2]可见，"机器人"的识别能力毋庸置疑。

第二，"机器人"与人的识别方式基本无异。以ATM机与柜员的关系为例，二者的识别方式渐趋一致，识别能力日趋等同。柜员在识别客户账号、密码时，并非人工查验，而同样是依赖"机器人"，并且根据银行业务操作习惯，目前小额取款一般不要求客户出示身份证，此时柜员与ATM机的识别能力没有任何不同。况且，随着科技的进步与时代的发展，假如未来的ATM机新增人脸识别、指纹识别功能，那么ATM机与柜台营业员的区别便根本不存在了，甚至ATM机的识别能力还要远超柜台营业员。不透过现象去窥探ATM机与柜台营业员识别功能的本质，一味拘泥于人与"机器人"存在云泥之别的旧思维，未免过于短视。人工智能在社会生活中的运用也越来越广泛，对这些发展视而不见，仅以对以往机器的眼光和心态看待人工智能，并不是一种科学的态度。"机器人"是有意识的，其识别方式与人渐趋一致。

第三，"机器人"能够陷入认识错误，该认识错误是建立在"假人"使用"真卡"基础之上的，这也是我国刑法中将

---

1. 参见《计算机首次通过图灵测试 标志人工智能新阶段》，http://tech.163. com/14/0609/08/9U9KKHVV000915BD.html，最后访问日期：2017年1月11日。
2. 《AlphaGo横扫60位围棋大师 人工智能上了新境界？》，http:/news.xinhuanet. com/tech/2017-01/05/c_1120246384.html，最后访问日期：2017年1月11日。

"冒用他人信用卡的"行为归入信用卡诈骗罪的原因所在。诈骗案件中的被骗人之所以产生"认识错误",是因为其事先有"认识正确",即认为应当对某种行为作出何种反应。就"机器人"而言,如 ATM 机,根据事先的程序设计,只要行为人手持已经登记合格的信用卡且输入的密码正确,ATM 机就要付款给持卡人,至于持卡且输入密码的人是不是卡的真正主人,ATM 机则无法识别。有论者甚至认为,只要信用卡和密码是真实的,就不存在机器受骗的问题。[1] 显然,这种说法是不能成立的。因为使用虚假的凭证、信息本身就是欺诈行为,并不因为机器仅能识别"真卡"却不能识别"假人"便认为"机器人"不能产生认识错误。认定机器是否陷入认识错误,应当参考社会一般认识,从机器设计目的及所有人的意图进行解释。冒用他人信用卡行为为行政法、刑法所禁止,这一行为本身就体现了虚构事实、隐瞒事实的欺诈意图。在"假人"使用"真卡"的情形下,行为人利用机器人"识别功能"上的认识错误,而在行为人提供"真卡"和"真密码"的前提下,让机器人以为行为人是真实持卡人并"自觉自愿"交付财物。可见,这一行为完全符合诈骗类犯罪的行为特征。

第四,从刑事立法规范与刑事司法解释的角度看,信用卡诈骗罪即是对"机器人"能够被骗的一种法律承认。"冒用他人信用卡"是信用卡诈骗罪的行为方式之一,所谓"冒

---

1. 参见黄祥青:《冒用他人借记卡的行为应如何定罪》,载《政治与法律》2000 年第 1 期。

用",即未经本人授权、非本人使用。至于对柜员使用还是对ATM机使用,刑法规定并未作出区分,事实上也毋需作出区分。相关司法解释对此作了明确说明,最高人民法院、最高人民检察院《关于办理妨害信用卡管理刑事案件具体应用法律若干问题的解释》(2018年修正)第5条规定,"窃取、收买、骗取或者以其他非法方式获取他人信用卡信息资料,并通过互联网、通讯终端等使用的",应当认定为《刑法》第196条第1款第3项所称的"冒用他人信用卡",以信用卡诈骗罪定性。此处还有必要一提的是,"窃取他人信用卡信息资料并通过互联网、通讯终端使用"与"盗窃信用卡并使用"之间的关系。根据司法解释规定,前者定信用卡诈骗罪;根据刑法规定,后者定盗窃罪。然而从本质上看,盗窃信用卡并使用必然伴随着对他人信用卡信息资料的非法获取,仅因非法使用信用卡信息资料场所与方式之不同,便将在线下使用的前者定性为盗窃,而将在线上使用的后者定性为诈骗,未免产生逻辑上的矛盾,也不利于司法实践。况且,单纯的盗窃他人信用卡与骗取他人信用卡行为本身并不会对卡主的财产造成直接侵害,在信用卡未被非法使用之前,卡主尚可通过立即挂失、补办的方式避免损失。因而盗窃他人信用卡并使用与骗取他人信用卡并使用的行为,其核心与重心均在于"使用",而不在于"盗窃"或"骗取"这种"使用"前行为。盗窃他人信用卡并使用本就完全符合信用卡诈骗罪的构成要件,《刑法》对此以盗窃罪定性是一种法律拟制。此外,我们应当关注到的趋势是，随着时代的发展与支付方式的演进，盗窃信用卡并使用的传统方式将更多地被窃取他人信用卡信息资料并在互联网、通讯终端使用这种行为方式所替代，甚至是完全替代（未来信用卡或将实现全面的电子化），此即为传统犯罪的网络化表现。因而鉴于《刑法》第196条第3款"盗窃信用卡并使用的，依照本法第二百六十四条的规定定罪处罚"的规定是法律拟制，并且随着时代的发展，此种法律拟制的必要性与合理性愈加薄弱，建议在今后的刑法修正活动中将其删除为妥。

综上所述，行为人非法获取他人支付账号、密码并在网络上使用，而非法占有他人财物的行为，存在受骗人，受骗人为"机器人"或信息计算程序，该行为应定性为诈骗类犯罪，而非盗窃犯罪。

至于具体构成诈骗罪还是信用卡诈骗罪，不少学者认为这取决于行为人在实施侵财过程中是否利用了他人的信用卡信息资料，如果利用了他人信用卡信息资料，则属于冒用他人信用卡，应构成信用卡诈骗罪；如果行为人并未利用他人信用卡信息资料，而是仅利用了他人支付宝账户资料、微信钱包账户资料等第三方支付账户资料的，则属于欺骗第三方支付机构，应当构成诈骗罪。

笔者认为，此观点恐怕还是建立在对第三方支付机构属性与功能粗浅认识的基础之上。第三方支付机构的核心功能在于"支付"，并且支付的是无形货币，而无形货币无论在第三方支付账户与银行卡账户之间辗转往返多少个来回，其最根本的来源只能是银行卡账户，因为银行才是无形货币的最初发行人与最终兑换人。假如第三方支付机构未与银行签订合作协议，或者第三方支付机构的客户也未将支付账户与银行卡账户绑定，则第三方支付机构的生存空间便不复存在，其"支付"功能也将沦为无源之水、无本之木。从这个意义上说，将第三方支付机构理解为银行支付功能的延伸可能更为符合事物的本来面目，通过第三方支付机构进行支付，从根本上离不开对银行卡信息资料的运用。因而笔者主张，既然第三方支付机构是银行支付功能的延伸，那么不论行为人在实施侵财过程中是否"直接地"或者"表面上"利用了他人的信用卡信息资料，银行作为最终的、实际上的被骗人始终是一个客观存在的事实。对于此类行为，一律以信用卡诈骗罪定罪即可，而不应为表象所迷惑而在处理方式上有所区别。

在将行为人非法获取他人支付账号、密码并在网络上使用、非法占有他人财产行为定性为信用卡诈骗罪的情况下，还有必要解决一个诈骗对象的问题，即行为人诈骗的是财物还是财产性利益。通说认为，诈骗类犯罪的对象既包括财物也包括财产性利益。有不少学者就认为，信用卡以及财产性网络账户内的财产是一种财产性利益，而非财物，信用卡与网络账户均表征着客户对银行、微信、支付宝公司所享有的债权，如"当储户将钱款存入银行或者银行卡内，实际上就已经将钱借给了银行，双方建立起了一个债权债务关系。银行卡、折内的存款实际上为银行所占有，银行卡、折仅仅是一种债权凭证"。[1] 从民法角度看，该观点确实并无不妥，其反映着客户与银行、微信、支付宝公司之间的民事法律关系；但欲从刑法角度认定侵财行为的性质时，则没有必要也不应当坚持此种视角。首先，财产性网络账户所记载的内容为数字化财物。一般而言，财物是人类可控制的、具有经济价值的、有形或无形的稀缺资源。货币虽然不是客观存在的稀缺资源，但其作为一般等价物，可被用于直接兑换稀缺资源，因而在法律地位以及在交易习惯上，货币被当然地视为财物。随着经济社会的发展与信息化水平的提高，作为一般等价物的货币也会经历形态上的拓展，其将由有形的纸币、硬币向无形的数据、信息演变。银行账户内的存款金额即为有形货币的无形化与信息化。当人们将有形的一般等价物即现金存入银行时，现金即被转换成无形的一般等价物，储户通过账户、密码实现对该无形等价物的支配。不论是有形还是无形的一般等价物，二者均只是形态上的差异，并无本质区别。对人们而言，线上转账与线下"付钱"的性质与效果是一样的，支付的都是"货币"，并且前一种支付方式更为简易便捷。应当看到，现代社会中的人们已完全置身于网络支付环境之中，小到买卖一杯咖啡，大到交易一所房屋，买卖双方都可以通过网银、支付宝、微信等支付工具完成付款与收款，甚至在不久的将来，有形货币将不复存在，而是被数字货

---

1. 杨兴培：《挂失提取账户名下他人存款的行为性质》，载《法学》2014 年第 11 期。

币完全取而代之。截至 2022 年 10 月，中国人民银行先后选择 15 个省（市）的部分地区开展数字人民币试点，并综合评估确定了 10 家指定运营机构。数字人民币在批发零售、餐饮文旅、教育医疗、公共服务等领域已形成一大批涵盖线上线下、可复制可推广的应用模式。[1] 在这样的大背景与新趋势下，如果我们还一味拘泥于客户与银行、微信、支付宝公司之间的债权债务关系，却忽视账户内金额本身即为财物的事实，未免不符合当下新事物的发展规律。

其次，客户对银行、微信、支付宝公司的债权并非普通债权。《民法典》于总则编第五章"民事权利"第 118 条规定了"债权"，指出"债权是因合同、侵权行为、无因管理、不当得利以及法律的其他规定，权利人请求特定义务人为或者不为一定行为的'权利'"。从债之标的角度看，普通债权的标的既可以是物、智力成果，也可以是行为，但客户对银行、微信、支付宝公司债权的标的，则只能是国家发行的法定货币。以货币为标的之债的人身属性显然是大大减弱的；从债务人角度看，普通债权债务关系之中的债务人都不是同一的，而是一个个独立的个体，但在财产性网络账户所表征的债权债务关系中，与不特定多数债权人建立债权债务关系的债务人却是同一的，即均为银行、微信、支付宝公司，因而使得此类标的相

---

1. 数字货币研究所：《扎实开展数字人民币研发试点工作》，https://www.financialnews.com.cn/gc/ch/202210/t20221013_257167.html，最后访问日期：2023 年 7 月 3 日。

同、债务人亦相同的债权可以在不同债权人之间随意移转，从而具有普通债权所无法比拟的流通可能性；从债权让与程序角度看，债权人让与普通债权时需通知债务人，但客户通过线上转账方式让与债权时，一般不必通知债务人（即银行、支付宝或微信公司），而只需输入账号、密码即可单方面完成债权的让与，表现为受让人账户内的金额即时增加。可见，财产性网络账户虽然表征着客户与银行、微信、支付宝公司之间的债权债务关系，但这只是其法律属性的一个剖面而已，我们更应关注财产性网络账户的其他剖面，看到其所特有的外部开放性，从而将研究视角从封闭的债之相对关系中跳脱出来。

最后，坚持客户债权视角会使问题变得过于复杂。细究客户对银行、微信、支付宝公司的债权，其中涉及的债权债务关系异常复杂。一般而言，微信、支付宝账户必须与银行卡绑定方能实现其支付功能，否则客户将无法对微信、支付宝账户进行充值。而所谓的"充值"，其实质就是将客户在银行开设的个人账户内的存款，转移至微信、支付宝公司在各银行所开设的企业账户中。换言之，第三方支付机构并不直接占有现金，现金始终由银行事实占有，第三方支付机构只是通过建立银行大账户，项下再细分小账户的方式，将发生于客户之间的转账行为转变为大账户内部的资金流动，从而省去了客户跨行转账的手续费，降低了交易成本。由于第三方支付机构与银行存在着这一层关系，因而欲判断客户的债务人就变得十分困难。一方面，当客户将银行账户内的资金转至第三方支付账户内时，便相当于客户把对银行的债权转让给了第三方支付机构；另一方面，客户又同时对第三方支付机构建立了新的债权，后者必须随时接受前者的提现指令，即第三方支付机构重新将自己对银行的债权转回给客户。深度剖析微信、支付宝等第三方支付机构的运作模式后不难发现，客户、银行、第三方支付机构之间存在着复杂的三角关系，并且会同时涉及多家银行，法律关系层层重叠。笔者认为，如果在认定网络侵财行为的性质时采用客户债权视角，一则很难厘清是谁的债权、谁的债务，尤其是在跨行转账的情形下将无法以债权理论解释由 A 行账户向 B 行账户转账时债权何以能够顺利流转的问题；二则刑法也不应深陷"民事关系"的泥潭，刑法关注的始终是行为本身的性质，而无意于梳理行为人之外的当事人之间的民事关系。笔者一直坚持的观点是"刑事看行为，民事看关系"，即刑事始终关注的是行为人主观意识支配之下行为的性质，而民事则主要关注的是由当事人的行为所产生的各种法律关系。这是由于刑法所规制的行为均是严重危害社会的行为，因此，刑法对犯罪行为规制或调整的"触角"是前伸的。即只要是有可能对法律所保护的法益造成严重危害的行为，就可能被列入刑法打击的范围，这从刑法有关预备、未遂、中止等未完成犯罪形态的规定中足以得到证明。也正因为此，刑法当然"关注行为人主观意识支配之下的行为及其性质"。

但是，民法则有所不同，其主要关注的是当事人行为所产生的关系。这是由于民事法律对于侵权行为的规制或调整均是以实害为标准的，即民事侵权行为中不存在预备、未遂、中止等形态，民事法律规制的均是"实害行为"，没有"可能害行为"。因此，其关注的重点当然是实害行为所导致的法益受侵害程度，其追求的也必然是实际被侵害社会关系的恢复和补偿。另外，民法是调整平等主体之间人身关系与财产关系的法律，其看待问题的出发点与落脚点，自始至终都会回归至对当事人之间民事权利义务关系的确定、恢复和补偿上。换言之，如果民事侵权行为发生后，行为人及时地恢复或者补偿了被侵权行为损害的法律关系，在大多数情况下，就不存在对侵权行为进一步惩罚的可能性；然而刑法与民法有着截然不同的宗旨与视角，刑法的宗旨无意于确定或恢复各类主体之间的关系，而在于惩罚行为人破坏法益的行为。破坏法益的行为或许会在客观上打破相关民事主体之间的民事法律关系，但此种效果并不是刑法关心的内容。

至此可以得出结论，非法获取他人网络支付账号、密码并使用，侵害他人财产性网络账户内财产的行为，应定性为信用卡诈骗罪，诈骗的对象即为数字化财物，而非财产性利益。

第六章

保险诈骗罪及其司法认定

保险诈骗罪是指投保人、被保险人或者受益人违反保险法规，用虚构事实、隐瞒真相等方法，骗取数额较大保险金的行为。保险诈骗是金融领域中的严重刑事犯罪之一。我国《刑法》将保险诈骗罪从传统诈骗罪中分离出来，作为一个独立的罪名加以规定，为打击这一犯罪提供了更充分、具体的法律依据。但是，在目前的司法实践中，对于保险诈骗罪的刑法适用仍存在许多问题，在刑法理论上也存在争议。

第一节　保险诈骗罪基本犯罪构成认定的疑难问题

一、保险诈骗罪主体的认定

在理论上和实践中一般认为，本罪的主体是特殊主体，即投保人、被保险人、受益人。此外，单位也可以构成，但单位必须是投保单位、被保险单位或受益单位。[1]但也有人认为，本罪的主体为一般主体。其理由是："从理论上讲，特殊主体的判断不是以法条对主体有无限制为判断标准的，而是以理论上构成本罪的主体是否具有身份上的特殊资格或社会关系上的特殊地位或者状态为判断标准。"[2]笔者认为，刑法上某一犯罪的主体是否为特殊主体，关键应看《刑法》有无特别规定以及这种特定的身份是否会影响此罪与彼罪的界限，就此而言，认为保险诈骗罪的主体是特殊主体并无不妥。

---

1. 参见李卫红：《保险诈骗罪研究》，载赵秉志主编：《新千年刑法热点问题研究与适用》（下），中国检察出版社 2001 年版，第 1435 页。
2. 参见李邦友、高艳东：《金融诈骗罪研究》，人民法院出版社 2003 年版，第 455 页；江礼华、周其华：《保险诈骗罪的几点研究》，载单长宗等主编：《新刑法研究与适用》，人民法院出版社 2000 年版，第 441 页。

从法理上分析，在自然人作为本罪主体时，一般情况下其应该是与保险标的有保险利益的人，而在共同犯罪中，其他自然人也可能成为本罪的主体。与保险标的有保险利益的人主要包括投保人、被保险人和受益人等。所谓投保人，是指与保险人订立保险合同，并根据保险合同承担支付保险费义务的人。所谓被保险人，是指在保险事故发生或者约定的保险期间届满时，依据保险合同，有权向保险人请求补偿损失或者获取保险金的人。所谓受益人，是指由保险合同明确指定的或者依照法律规定有权取得保险金的人。在有的保险合同中，投保人、被保险人、受益人可能是一个人；而在有的保险合同中，可能是三个人。需要指出的是，《刑法》关于保险诈骗罪的五种表现形式，主体并不相同：第一种行为仅为虚构保险标的，故只有投保人方可为之；第二种行为以发生了保险事故为前提，行为人仅对保险事故的发生编造虚构原因或者夸大损失程度，故投保人、被保险人、受益人均可构成；第三种行为是虚构保险事故，财产险与人身险中均可发生，故犯罪主体与第二种行为相同；第四种行为仅限于财产险，因财产保险中被保险人就是受益人，这是由财产所有权固有特性所决定的，故犯罪主体不再有受益人；第五种行为发生在人身保险中，虽然也有被保险人为使受益人得到保险金而自杀的情况，但由于《刑法》并未规定自杀为犯罪，且自杀者本身也不能成为犯罪主体，故这类行为的主体仅限于投保人、受益人，而不包括被保险人。

对于保险人能否成为保险诈骗罪的主体，我国《刑法》有关保险诈骗罪的条款未作明文规定，但是，我国《保险法》第116、179条规定，保险公司及其工作人员在保险业务活动中对投保人隐瞒与保险合同有关的重要情况，欺骗投保人、被保险人或者受益人，构成犯罪的，依法追究刑事责任，至于究竟以何罪名追究则并未明确规定。这就导致司法实践中对于保险人在保险业务中进行诈骗行为定性上的不同认识。在理论上，大多数人认为，由于保险人在《刑法》中并未被归入保险诈骗罪的犯罪主体之中，因而对保险人所实施的诈骗行为，尽管与保险业务直接有关，但仍然应该以一般诈骗罪定性。笔者认为，由于现实中保险公司及其代理人诈取投保人保险费的行为屡见不鲜，而且这些案件均是发生在保险领域相关活动中，《刑法》完全有必要将保险人在保险业务活动中的诈骗行为归入保险诈骗罪中，即将保险人列入保险诈骗罪的主体之中。

另外，根据《刑法》第198条第4款，保险事故的鉴定人、证明人、财产评估人故意提供虚假的证明文件，为他人诈骗提供条件的，以保险诈骗的共犯论处。这里所谓的保险事故的鉴定人、财产评估人，是指参加保险事故调查工作的人员。所谓证明人，是指参与保险事故调查工作，出具证言，说明保险事故发生原因等情况的人。虽然这些人与保险利益没有直接的关系，但是，他们的行为可能直接影响保险事故的定性。如果这些人通过自己的行为为他人实施保险诈骗提供条件，就很容易使保险诈骗成功。由于这些行为人故意实施的行为实际上已经与保险诈骗行为构成一个整体，因此《刑法》将这些人提供条件的行为视为保险诈骗的共同犯罪行为，是完全合理的。

根据《刑法》第 198 条第 3 款，单位可以成为保险诈骗罪的主体。但是，需要研究的是，当单位实施该条第 1 款第 4 项和第 5 项行为，即单位作为投保人，故意造成财产损失的保险事故，骗取保险金，或者单位作为投保人，故意造成被保险人死亡、伤残或者疾病而骗取保险金时，根据该条第 2 款的规定，应依照数罪并罚的规定处罚。而事实上，单位不能成为故意毁坏财物罪、放火罪、故意杀人罪和故意伤害罪等犯罪的主体。对此，应如何处理？有人认为，在单位人员为本单位利益，以放火等单位不能成为主体的手段行为实施保险诈骗的情形中，对单位应以保险诈骗罪定罪，同时追究单位与直接负责的主管人员和其他直接责任人员的刑事责任；而对放火等罪，尽管单位不能构成，但单位中直接负责的主管人员和其他直接责任人员并不能免除对这些罪的责任。[1] 笔者基本同意这种观点，因为上述有关规定确实涉及某些单位不能成为犯罪主体的犯罪，根据罪刑法定原则，单位当然不能承担相应的刑事责任。但是，在这些情况中又实际存在故意杀人、故意伤害、故意毁坏财物以及放火等犯罪，并且保险诈骗行为是以这些犯罪行为为手段的，如果不追究任何人的刑事责任，则不符合罪责刑相适应原则。同时，这些犯罪行为肯定是由一些具体的自然

---

1. 参见李亚飞、黄河：《保险诈骗罪议》，载赵秉志主编：《新千年刑法热点问题研究与适用》（下），中国检察出版社 2001 年版，第 1445 页。

人实施的，尽管这些自然人可能是为了单位的利益，但这并不能成为他们免责的借口。笔者认为，对《刑法》规定的许多自然犯，单位不能成为犯罪主体是理论上的共识，自然人为了单位利益实施这些犯罪，我们不能理解为是单位行为，而只能视为自然人行为。因此，在保险诈骗犯罪中，对单位只能追究保险诈骗罪的刑事责任，而对单位中的直接负责的主管人员和其他直接责任人员则既要追究保险诈骗罪的刑事责任，也要追究故意杀人等犯罪的刑事责任，并对有责人员实行数罪并罚。

二、对虚构保险标的的理解及相关行为的认定

在理论上和司法实践中，对于《刑法》第198条"虚构保险标的"是否包含虚构部分保险标的之内容颇有争议，而且许多观点直接影响到对有些行为的定性。有人认为，"虚构保险标的"仅指虚构根本不存在的保险对象，与保险人订立保险合同；[1] 有人则认为，虚构保险标的的范围要宽泛得多，既可以是虚构保险标的的整体，也可以是虚构保险标的的一部分。[2]

笔者认为，上述两种观点实质上是分别从狭义和广义两个角度出发解释"虚构保险标的"在刑法学上的含义的。一般认

---

1. 参见最高人民检察院法律政策研究室编著：《刑法新立罪实务述要》，中国检察出版社1996年版，第345页。
2. 参见高铭暄主编：《新型经济犯罪研究》，中国方正出版社2000年版，第966页。

为，狭义解释的根据是汉语词典中"虚构"的含义（凭想象编造出来），是虚构一个根本不存在的保险对象与保险人订立保险合同。比如，行为人通过伪造购物发票，使用作废的有关文件就汽车、船只等保险标的签订保险合同，而后谎称被保险标的发生了保险事故，从而骗取保险金，但事实上保险标的根本就不存在。广义解释的根据是，虚构既可包括编造完全不存在的内容，也可包括编造与实际不相同的内容，即认为虚构保险标的并不局限于保险标的不存在，也包括保险标的存在，但虚构者对与保险标的有关的一些重要事实不如实说明。从刑法的立法原意角度分析，笔者较为赞同广义解释的观点。因为从诈骗罪客观行为虚构事实、隐瞒真相的内容分析，理应包含"有"和"无"两个方面。保险诈骗罪中的"虚构保险标的"当然也应该体现一般诈骗行为的特征，即既包括编造完全不存在的标的，也包括编造与实际存在内容不一致的标的。前者属于虚构事实的范畴，后者则属于隐瞒真相的范畴。对虚构保险标的的不同解释，直接影响到对一些诸如恶意重复保险等行为是否可以构成犯罪的认定。

（一）对恶意重复保险及隐瞒保险危险（瑕疵投保）骗取保险金的行为的认定

保险领域中的重复保险，是指投保人对于同一个保险利益、同一保险事故，在同一时期向数个保险人分别订立数个合同的保险。在保险活动中，如果重复保险的各保险金额的总数没有超过保险标的的价值，而且投保人将重复保险的情况告知各保险人的，通常属于正常的保险活动，这种行为因被法律所允许而不可能构成犯罪。但是，如果投保人重复保险金额超过保险标的的价值，且对保险人隐瞒重复保险的事实，以取得双倍乃至更多的赔偿为目的进行保险的，则属于恶意重复保险。恶意重复保险的行为因行为人主观上的恶意且重复保险金额超过保险标的的价值，当然为法律所禁止。所谓隐瞒保险危险骗取保险金，是指行为人隐瞒已经存在的危险，与保险人签订某种保险合同，从而骗取保险金的行为。这在健康保险活动中经常发生，例如，行为人隐瞒自己的严重疾病与保险人签订健康保险合同，然后向保险公司通知病情，骗取保险金。

上述重复保险和隐瞒保险危险骗取保险金两种行为显然均不属于《刑法》第198条第1款规定的第2至5项情形。对该行为如何认定，理论上存在不同观点：第一种观点是将上述行为归属于"故意虚构保险标的，骗取保险金"。[1]目前，多数学者持该种观点。这一观点显然是从对虚构保险标的的广义解释角度得出的结论。第二种观点认为，"虚构"是将"无"说成"有"，而"隐瞒"是将"有"说成"无"，上述两种行为虽然都是欺骗行为，但行为特征却截然相反。恶意重复保险及隐瞒保险危险都是隐瞒型的诈骗行为，不能将其解释为虚构保险标的。[2]因此，这两种行为均不应构成保险诈骗罪。这一观点

---

1. 参见张明楷：《保险诈骗罪的基本问题探究》，载《法学》2001年第1期。

2. 参见柴华等：《试论保险诈骗罪》，载《商洛师范专科学校学报》2006年第2期。

显然是从对虚构保险标的的狭义解释角度得出的结论，其侧重点是从"虚构"一词本应具有的含义角度加以分析。第三种观点则提出，《刑法》应参照贷款诈骗罪、信用证诈骗罪的立法模式，在第 198 条规定的五种法定行为方式后加一兜底条款："其他利用保险合同关系诈骗保险金额的行为。"[1]

笔者认为，对于这两种行为是否可以构成保险诈骗罪，实际上还涉及对《刑法》有关保险诈骗罪规定中"故意虚构保险标的，骗取保险金"含义的理解。笔者认为，没有理由将这里的"虚构"作狭义解释。上述狭义说的观点主要还是受诈骗罪客观行为中存在"虚构"和"隐瞒"两种行为的影响，从而认为这里的"虚构"内容中不应包含"隐瞒"的含义。将诈骗罪隐瞒真相的特征排除在某一保险诈骗罪客观行为的内容之外似乎并不能真正体现刑法立法原意。

（二）对事后投保骗取保险金行为的认定

事后投保（先出险后投保），即某项财产原本没有投保，在该财产发生事故造成损失后，再隐瞒事故向保险人投保，将其转化为保险标的，以骗取保险金。针对事后投保，有的学者认为，它应当归属于"投保人、被保险人或者受益人编造未曾发生的保险事故"的范畴，有的学者则将其看作"投保人故意虚构保险标的"的一种表现形式。还有一种观点认为，应对事

---

1. 参见肖乾利：《保险诈骗罪若干问题之审视》，载《广西社会科学》2006 年第 4 期。

后投保的两种情况区别对待，即"对于标的从未被保险的事后投保应视为虚构保险标的，因为未经保险的标的自然不能成为日后保险事故理赔的依据"，而"对于标的虽曾被保险但保险有效期已过且未及时续保的事后投保行为，可视为编造未曾发生的保险事故的行为而予以规制"。[1] 也有学者提出，应参照贷款诈骗罪、信用证诈骗罪的立法模式，在《刑法》第198条规定的五种法定行为方式后加一兜底条款："其他利用保险合同关系诈骗保险金额的行为。"[2]

笔者认为，事后投保骗取保险金行为可以构成保险诈骗罪已经成为学界的共识，学者争议的焦点是对于该行为应适用《刑法》有关保险诈骗罪规定中的哪一个条款。对于在《刑法》中设置兜底条款的建议，笔者认为，似乎并无多大必要，因为《刑法》已将这种行为包容进去。而将这种行为归入"虚构保险标的"行为之中，还是归入"编造未曾发生的保险事故"行为之中，则是仁者见仁，智者见智。但是，无论观点如何，均不会影响这种行为构成保险诈骗罪的认定。从理赔时相关保险标的是否实际发生过保险事故角度分析，似乎将事后投保骗取保险金行为归入"虚构保险标的"更为妥当。因为毕竟事故是发生过的，只不过事故发生的时间是在投

---

1. 参见赵秉志、许成磊：《金融诈骗罪司法认定中的若干重点疑难问题研讨》，载《刑事司法指南》2000年第4辑。
2. 参见韩玲：《保险诈骗罪中几种特殊行为方式的司法认定》，载《政治与法律》2005年第4期。

保之前，行为人只是隐瞒了事故实际发生时间这一事实，而并没有编造未曾发生的事故。编造未曾发生的事故骗取保险金的情况，其本质特征是编造事故，而这一编造的事故是以客观存在的投保标的为基础的。虚构保险标的骗取保险金的情况，其本质特征是对投保标的的虚构，而这一虚构显然是以没有客观存在的投保标的或与客观存在的投标内容不符合为基础的。由此可见，在事后投保骗取保险金的案件中，投保人在投保时明显隐瞒了投保标的已经发生事故的实际情况，也即投保的标的与实际存在的标的并不完全一致。因此，以此骗取保险金的行为理应属于虚构保险标的的保险诈骗行为。

（三）对超额投保骗取保险金行为的处理

超额投保，即行为人在投保时提供虚假的证明资料，抬高保险价值，从而在损失事件中获得比保险财产价值更高的保险金。此时，行为人对超过保险价值的那部分保险标的是虚构的。对超额投保骗取保险金的行为是否属于虚构标的骗取保险金的行为，理论上也有不同的观点。笔者认为，超额投保骗取保险金的行为理应构成保险诈骗罪，其行为可以归入"虚构保险标的"骗取保险金范围之中。其理由是，尽管这类案件中存在投保标的，但是，行为人投保的标的价值与实际存在的标的价值并不相符，其超出部分确实属于虚构的部分，因此，以虚构保险标的骗取保险金的行为认定似乎并无不妥。

三、冒名骗赔行为的认定

所谓冒名骗赔，是指行为人不参加投保或不全部投保，一旦出了事故便设法冒用已参加投保的单位或个人的户名向保险公司骗赔的情况。这种情况较多发生在财产保险中，往往是在擅自转让保险标的后，新的财产所有人利用原合同关系诈骗保险金。例如，在机动车交易中，交易双方并不办理过户手续，如果新车主利用原车主的保险合同进行诈骗，该如何认定？对于这种冒名骗赔的行为的定性，在刑法理论上和司法实践中颇有争议。

有人认为，《刑法》虽然没有将这种情况列入保险诈骗行为中，但这种冒名骗赔行为与《刑法》第198条所列举的几种行为，在性质上是相同的，所以完全可以按保险诈骗罪定性处罚。有人甚至认为，这种行为也是利用金融交易关系，主要侵犯保险市场秩序并同时侵犯公私财产所有权，因此可以通过司法解释将其纳入保险诈骗罪中。[1]

有人则认为，根据罪刑法定原则，此种行为未在《刑法》有关保险诈骗罪的规定中列出，因而就不能以此罪定罪处罚。主张该观点者进一步指出："构成保险诈骗罪的核心要素是虚

---

1. 参见高铭暄主编：《新型经济犯罪研究》，中国方正出版社2000年版，第964页。

构保险标的或者编造、夸大保险事故，或者故意造成保险事故或者被保险人死亡、伤残或者疾病，从而骗取保险金。而本案中当事人只是未及时办理被保险人变更手续，并没有上述情形之一，因此，不能认定其构成保险诈骗罪。当事人与保险公司之间有纠纷的，应通过民事途径解决。"[1] 也有人认为，由于法律规定保险诈骗罪的主体仅限于投保人、被保险人、受益人等，因而构成保险诈骗罪必须以行为人与被诈骗的保险人之间已经存在保险合同关系为前提，否则就不能产生保险诈骗犯罪行为。冒名骗赔的行为人事实上并未与保险人存在所谓的保险合同，因而在主体上与《刑法》规定构成保险诈骗罪的主体要求完全不相符合，所以不宜以保险诈骗罪处罚。但是，由于行为人毕竟实施了诈骗行为，且完全符合诈骗罪的有关构成要件，因此，对冒名骗赔者可以诈骗罪定性处罚。[2]

笔者基本赞同上述第三种观点，因为利用保险合同进行诈骗是保险诈骗罪的最本质的特征，也是保险诈骗罪区别于其他诈骗犯罪的关键。保险诈骗罪的成立，必须以行为人与被诈骗的保险人之间存在保险合同为前提，行为人正是利用了这种合同关系的存在，才实施了保险诈骗行为。如果不存在这种保险合同关系，就不可能产生所谓的保险诈骗行为。冒名骗赔的实

---

1. 法博士：《未办保险过户手续，车出险获赔偿的行为该如何定性》，载《人民公安》2004 年第 3 期。
2. 参见赵秉志主编：《中国刑法案例与学理研究分则篇（二）》，法律出版社 2001 年版，第 128 页。

质在于虚构实际并不存在的保险合同关系，骗取保险公司的保险金。由于在这类案件中，骗赔者与保险公司之间不存在所谓的保险合同，也就不可能存在行为人利用保险合同关系进行诈骗的情况，因此，对冒名骗赔者以保险诈骗罪定性缺乏事实和法律上的依据。但是，冒名骗赔者毕竟在主观上具有骗取保险金的故意，并在客观上实施了虚构事实、隐瞒真相的骗保行为，这些均符合一般诈骗罪的构成特征，以诈骗罪定性不应该有任何障碍。

需要指出的是，对于冒名骗赔行为的定性应具体问题具体分析，不能一概而论。在日常理赔活动中，冒名者骗赔行为一般均需要被冒名者的帮助方能成功，行为人很难单独实施有关骗赔行为。因为所有的保险手续或合同均在被冒名者手中，要取得保险赔偿必须凭合同或身份证等文件或证件。另外，冒名者提出保险赔偿后，保险公司还要作一定的调查确认，如果没有真正投保人的帮助、配合，冒名者是很难骗得赔偿金的。如果冒名者与"被冒名者"具有共同骗赔的故意，则对冒名者完全可以按保险诈骗罪的共犯加以处罚。因为在这种情况下，冒名者的骗赔行为完全依靠被冒名者与保险人之间业已存在的保险合同关系进行，而故意实施帮助、配合等行为的被冒名者又完全符合保险诈骗罪的主体要求，尽管冒名者不符合主体要求，但可以作为共犯加以认定。如果冒名者与被冒名者没有共同故意，例如，冒名者以欺骗方法骗得被冒名者有关文件、证明等，单独实施骗赔行为的，这种情况下冒名者的行为虽然具有诈骗性质，但并未列入《刑法》有关保险诈骗罪的条文之中，而事实上冒名者与保险公司之间又不存在所谓的保险合同关系，且冒名者的身份完全不符合保险诈骗罪主体的要求，根据罪刑法定原则及《刑法》设定保险诈骗罪的立法原意，对于冒名者不能以保险诈骗罪定性处罚，如符合诈骗罪构成要件的，则可以按诈骗罪定性处罚。

四、被保险人采用自损方式让他人获取保险金行为的认定

时下，在司法实践中经常发生被保险人采用自杀、自残方式骗取保险金的案件。由于此种故意制造保险事故的行为是由被保险人实施的，而且很多情况下投保人和受益人并不知情，因此，就产生了对于被保险人自杀未遂或自残的行为如何处理的问题。《刑法》第198条列举的第5种保险诈骗行为是"投保人、受益人故意造成被保险人死亡、伤残或者疾病，骗取保险金"，其中的犯罪主体仅是投保人、受益人，并无被保险人。如果这类案件中投保人与被保险人同为一人，若被保险人自杀未遂或自残，可以将这种情况解释为是投保人故意造成被保险人伤残。但是，如果投保人与被保险人不是同一人，对自杀未遂或自残的被保险人如何处理？以保险诈骗罪论处明显存在犯罪主体要件上的障碍，因为实施自杀未遂或自残的被保险人并

非投保人或受益人。

对于被保险人以自杀、自残的方式骗取保险金的情况，有些国家的刑法明确将此种行为规定为犯罪行为。例如，《意大利刑法典》第642条就规定了以自损身体或者财物的方式诈欺保险金的犯罪行为。可见，《意大利刑法典》将被保险人自残骗取保险金行为归入保险诈骗罪之中。

有学者认为，从我国《刑法》第198条可以看出，立法者并未将被保险人自杀、自残的行为规定为保险诈骗的行为方式之一，这可能与我国传统意识中的"仁爱"思想有关，即倾向于同情与宽恕弱者（自杀、自残者），不将自杀、自残的行为视为一种道德上可谴责的行为，这与西方深受基督教影响，认为自杀是对上帝创造生命的一种亵渎罪过不同。对于自杀、自残的行为，如果按照罪刑法定原则，无法以保险诈骗罪论处，其行为方式虽然符合普通诈骗罪，但司法机关在真正处理此类案件时，也不宜定为诈骗罪。其原因是：一是考虑到我国对自杀、自残行为的特有观念。二是从刑事立法角度看，虽然目前从逻辑上讲发生在保险领域的诈骗行为在不构成保险诈骗罪时，可以普通诈骗罪论处，但从长远看，未来刑事立法应将保险领域的保险诈骗行为都以保险诈骗罪规制之，以符合特别法条的真正局限和特别作用。[1] 对于这种情况，参加立法起草的人员作过解释："第五项规定的情形比较复杂，虽然也涉及投

---

1. 参见李邦友、高艳东：《金融诈骗罪研究》，人民法院出版社2003年版，第453—454页。

保人、受益人和被保险人，但故意造成被保险人死亡、伤残或者疾病的，通常情况下，多是投保人和受益人所为。当然也不排除实践中会发生被保险人为使受益人取得保险金而自杀、自残的情况，这类情况……可不作为犯罪处理。"[1]

笔者认为，依照我国《刑法》的规定，在投保人或受益人不是被保险人的情况下，被保险人自杀未遂或者自残的行为尚不能作为保险诈骗罪处理，原因是被保险人单独不能成为保险诈骗罪的主体。由于这类情况在司法实践中发生很少，特别是行为人欺诈故意很难实际得逞（因为在理赔过程中这些欺诈行为往往会被保险公司发现），因此，对这一行为不以犯罪论处是可行的。当然，如果被保险人自杀、自残后，投保人、受益人在明知且有能力救治的情况下，故意不对被保险人进行救治，导致被保险人死亡、伤残后果发生，并以此骗取保险金的，可以不追究被保险人的刑事责任，但对投保人或受益人则可以保险诈骗罪论处。

五、故意扩大保险事故骗取保险金行为的认定

故意扩大保险事故，是指保险损失已经发生或者仍在继续发生，但影响的范围有限，如果行为人积极施救，完全能够避

---

1. 郎胜主编：《〈关于惩治破坏金融秩序犯罪的决定〉释义》，中国计划出版社 1995 年版，第 164—165 页。

免损失的扩大，行为人为了多得保险赔偿而对之采取放任的态度听任损失的发生与发展，甚至顺势增加一些加害行为，从而导致损失程度的扩大。司法实践中，这类案件经常发生在车险理赔过程中。

在理论上，对于故意扩大保险事故骗取保险金的行为可以构成保险诈骗罪，基本没有异议。但是，对于应将该行为归入《刑法》有关保险诈骗罪的何项规定之中则有不同意见。有人认为，该种行为应归属于第二种法定行为方式，即"夸大损失的程度"。[1] 有人则认为，故意扩大保险事故应归属于第四种法定行为方式，即"故意造成财产损失的保险事故"。[2] 还有人认为，该情形应归属于第二种法定行为中的前一种行为方式，即"对发生的保险事故编造虚假的原因"。[3]

笔者认为，应将故意扩大保险事故骗取保险金的行为归入《刑法》有关保险诈骗罪规定的第 4 项"故意造成财产损失的保险事故，骗取保险金的"法定行为方式之中。

首先，扩大保险事故与保险诈骗罪第 2 项"夸大损失的程度"法定行为方式是完全不同的。两者的主要区别在于所谓的"损失"是否客观存在：故意扩大保险事故所造成的损失是客观存在的，即扩大部分的相关损失是由行为人的行为故意造成

1. 参见罗长斌：《保险诈骗罪》，武汉大学 1997 年硕士学位论文。
2. 参见魏智彬：《证券及相关犯罪认定处理》，中国方正出版社 1999 年版，第 186 页。
3. 参见赵秉志主编：《金融诈骗罪新论》，人民法院出版社 2001 年版，第 607 页。

的；而"夸大损失程度"中尽管存在一定的损失，但是其中被夸大部分的相关"损失"则是虚构的，即事实上并没有发生如此大的损失，而是由行为人虚构夸大出来的。可见，两者之间有着本质的差别。此外，夸大损失程度的行为只能是指索赔时在证明材料上弄虚作假，以小说大，而行为人对事故本身并无人为影响；但在故意扩大保险事故的行为中，行为人主要是以影响、改变保险状态骗赔的，在索赔材料中并不像夸大损失程度那样，使事故损失与证明材料不相符，而是主要利用对事故状态的人为改变完成的。因此，不应该将故意扩大保险事故的行为归入"夸大损失程度"法定行为方式之中。

其次，扩大保险事故与保险诈骗罪第 2 项"对发生的保险事故编造虚假的原因"法定行为方式也是不同的。与前述"夸大损失的程度"行为方式一样，"编造虚假的原因"行为方式的前提条件是客观上确实存在保险事故。但是，由于导致保险事故发生的原因会影响到正常理赔，行为人为了获取保险金而编造属于保险责任的理由。由此可见，"编造虚假的原因"的行为方式仅仅是对原因的编造，并不存在改变事故状态的情况，而扩大保险事故的行为则是对事故状态的改变。两者具有本质区别，因此不应该将故意扩大保险事故的行为归入"编造虚假的原因"法定行为方式之中。

最后，故意扩大保险事故骗取保险金的行为符合保险诈骗罪第 4 项"故意造成财产损失的保险事故"法定行为方式。这里可以分两种情况具体加以分析：其一，如果行为人在发生保险事故后，为了多获取保险金，顺势增加一些加害行为，故意扩大保险事故的，完全符合"故意造成财产损失的保险事故"的法定行为方式，只是保险事故中有一部分本身属于正常保险事故的范围而已，这不影响将扩大部分归入"故意造成财产损失的保险事故"之中。其二，如果行为人在发生保险事故后，采用消极的方式不积极施救，从而导致保险事故扩大的，则可以从不作为角度将这种行为归入"故意造成财产损失的保险事故"之中。我国《保险法》第 57 条规定："保险事故发生时，被保险人应当尽力采取必要的措施，防止或者减少损失。"可见，在保险事故发生时，被保险人实际上具有法定责任，即相关的投保人或者被保险人为了获取保险金，需要承担防止或减少保险事故损失的义务。当然，《保险法》该条所指的"保险事故"，应是保险责任范围之内的事故，而扩大部分的损失完全是因为行为人的不作为所导致的。由于在故意扩大保险事故骗取保险金的案件中，行为人主观上对该损失持故意态度，并具有非法占有保险金的目的，客观上又属于"应为能为而不为"的情况，且这种不作为的方式又导致了保险事故损失的扩大，因此，完全符合"故意造成财产损失的保险事故"的法定行为方式。

六、保险公司工作人员虚假理赔行为的认定

司法实践中，在处理有关保险诈骗案时，经常会发生有关

保险公司工作人员利用职务之便虚假理赔，骗取保险金的情况。对此类行为的定性问题，刑法理论界曾颇有争议，司法实践中也有不同的意见。为此，1995年全国人大常委会《关于惩治破坏金融秩序犯罪的决定》第17条专门规定：保险公司的工作人员利用职务上的便利，故意编造未曾发生的保险事故进行虚假理赔，骗取保险金的，分别依照全国人大常委会《关于惩治贪污罪贿赂罪的补充规定》和《关于惩治违反公司法的犯罪的决定》的有关规定处罚。《刑法》吸收了这一规定，第183条规定："保险公司的工作人员利用职务上的便利，故意编造未曾发生的保险事故进行虚假理赔，骗取保险金归自己所有的，依照本法第二百七十一条的规定定罪处罚。国有保险公司工作人员和国有保险公司委派到非国有保险公司从事公务的人员有前款行为的，依照本法第三百八十二条、第三百八十三条的规定定罪处罚。"

对于《刑法》的这一规定，在理论上有人认为这是《刑法》规定的一个独立的犯罪，罪名为"虚假理赔罪"。笔者认为，这种观点值得商榷。首先，《刑法》第183条规定得相当明确，保险公司的工作人员如果实施虚假理赔的行为，应依照职务侵占罪定罪处罚。国有保险公司工作人员和国有保险公司委派到非国有保险公司从事公务的人员实施虚假理赔的行为，则依照贪污罪定罪处罚。这种情况不仅要在量刑上依照职务侵占罪或贪污罪的量刑幅度，而且所定罪名也应分别是职务侵占罪或贪污罪。其次，从犯罪构成角度分析，保险公司工作人员利用职务之便虚假理赔的行为，完全符合职务侵占罪或贪污罪的有关构成要件要求，即《刑法》规定的职务侵占罪和贪污罪的犯罪构成完全可以涵盖保险公司工作人员利用职务之便虚假理赔的行为。就此而言，保险公司工作人员利用职务之便虚假理赔，骗取保险金归自己所有的行为，实际上就是职务侵占罪或贪污罪的一种表现形式。所以，对有关行为以职务侵占罪或贪污罪定罪处罚是有法理依据的。最后，我国《刑法》专条规定了保险公司工作人员利用职务之便虚假理赔的情况，主要是为了强调必须惩罚这种犯罪行为，同时也是为了进一步明确对这种行为的定性依据，而并非为了增设一个新的罪名。

第二节　保险诈骗罪特殊犯罪构成与罪数形态认定的疑难问题

一、保险诈骗罪既遂、未遂的界定

对于保险诈骗罪既遂的认定标准，世界各国刑法虽有不同规定，但大多认为保险诈骗罪是行为犯，即只要实施了保险诈骗的行为，无论是否实际骗到保险金，均可以视为犯罪既遂。例如，《德国刑法典》规定：企图诈骗而对火灾保险之标的放火或对本身载货或运费有保险之船舶，使其沉没或触礁，只要实施了这一行为就是犯罪既遂。《意大利刑法典》也把该罪行表述为企图为自己或他人领取保险金，而破坏、毁弃、损坏或隐匿自己所有之物，并且把行为人之目的实现作为加重其刑的情节。

对于我国《刑法》中的保险诈骗罪是行为犯还是结果犯，理论上有不同的观点。有人认为，保险诈骗罪是行为犯，因为《刑法》有关金融诈骗罪各条所说的"数额较大"，并不是指行为人已骗取的财物数额，而是指行为人实施金融诈骗活动，意图骗取的财物数额。因此，行为人是否达到犯罪目的，不影响本罪的成立。[1]有人则认为，外国刑法一般都将保险诈欺罪规定为举动犯，但我国《刑法》则将保险诈骗罪规定为结果犯，在这种情况下，如果行为人实施了保险诈欺行为而没有骗取保险金的，就应当以未遂论处。[2]还有人认为，根据我国刑法理论与司法实践，对保险诈骗未遂的可以未遂犯论处。[3]

笔者认为，根据我国《刑法》的规定，"数额较大"是保险诈骗罪的构成要件之一，即只有保险诈骗财物数额较大的，才构成犯罪，否则就不构成犯罪。所以，我国《刑法》将保险诈骗罪规定为结果犯（也可称之为数额犯）而非行为犯。在

---

1. 参见高西江主编：《中华人民共和国刑法的修订与适用》，中国方正出版社1997年版，第472页。
2. 参见陈兴良主编：《刑法新罪评释全书》，中国民主法制出版社1995年版，第536页。
3. 参见张明楷：《保险诈骗罪的行为与结果探究》，载赵秉志主编：《新千年刑法热点问题研究与适用》（下），中国检察出版社2001年版，第1430页。

保险诈骗罪中，犯罪数额既是犯罪对象也是犯罪结果的财物价值量。因此，从这些数额犯的特征也可看出保险诈骗罪的结果犯属性。这种规定显然与《刑法》对财产罪中的诈骗罪的规定完全相同。保险诈骗罪是诈骗型犯罪的形式之一，而学界的基本共识是财产罪中的诈骗罪为结果犯，虽然保险诈骗罪的具体行为方式有特别之处，但是它毕竟是从一般诈骗罪中分离出来的一个罪名，在是不是结果犯这一点上应该具有诈骗型犯罪的共性。

《刑法》将保险诈骗罪规定为结果犯，是从我国的保险业现状出发的。我国保险业虽然起步较晚，但发展迅猛，投保人数、保险的种类和项目日渐增多，保险人不可能就每一项投保标的在投保时进行详细的查对验证。实践中，对一些普通的险种、标的小的投保申请，一般是不进行严格审查的，或者只根据投保人申报标的，简单地进行书面审查。只有在发生保险事故，投保人、被保险人或受益人提出赔偿申请后，保险公司才会对申请标的真实状况、实际价值、发生事故的原因和性质以及实际造成的损失等情况作全面审查。也正因为这样，保险诈骗往往是在保险公司理赔过程中甚至在理赔后被发觉，在此之前很难觉察投保人的诈骗意图。

从理论上分析，保险诈骗罪理应有未遂犯罪形态存在，如1996年最高人民法院在《关于审理诈骗案件具体应用法律的若干问题的解释》（已失效）中指出："已经着手实行诈骗行为，只是由于行为人意志以外的原因而未获取财物的，是诈骗未遂。诈骗未遂，情节严重的，也应当定罪并依法处罚。"1998年最高人民检察院法律政策研究室在《关于保险诈骗未遂能否按犯罪处理问题的答复》中也指出："行为人已经着手实施保险诈骗行为，但由于其意志以外的原因未能获得保险赔偿的，是诈骗未遂，情节严重的，应依法追究刑事责任。"2011年最高人民法院、最高人民检察院《关于办理诈骗刑事案件具体应用法律若干问题的解释》第6条更是明确规定：诈骗既有既遂，又有未遂，分别达到不同量刑幅度的，依照处罚较重的规定处罚；达到同一量刑幅度的，以诈骗罪既遂处罚。但是，司法实践中由于保险诈骗未遂很难有确定的数额，而犯罪的数额又是认定保险诈骗罪的构成要件，因此理论上的未遂也就很难构成犯罪。对于不构成犯罪的情况，保险公司可根据《保险法》的有关规定，解除保险合同，不承担赔偿或给付保险金的责任，并不退还投保人的保险费。

对于保险诈骗犯罪中的"数额较大"，《刑法》未作明确规定。根据2001年1月21日最高人民法院《全国法院审理金融犯罪案件工作座谈会纪要》，对保险诈骗罪的数额，可参照1996年最高人民法院《关于审理诈骗案件具体应用法律的若干问题的解释》（现已失效）。该解释第8条规定："个人进行保险诈骗数额在1万元以上的，属于'数额较大'……单位进行保险诈骗数额在5万元以上的，属于'数额较大'。"从这一司法解释分析，保险诈骗罪的认定实际上还是以骗取的保险金数额作为依据的。对此，理论上有人提出质疑，既然保险诈骗罪侵犯的主要客体是保险管理制度，为何要以侵犯的次要客体即财产关系的侵犯程度作为定罪量刑的依据？

笔者认为，尽管保险诈骗罪侵犯的是复杂客体，且保险管理制度是主要客体，但是，由于保险诈骗罪毕竟是从一般诈骗罪中分离出来的犯罪，因此无论如何都具有诈骗罪侵犯财产关系的共性。《刑法》以"数额较大"作为保险诈骗罪定罪量刑的标准就体现了这一共性。另外，保险诈骗罪应该以非法占有目的为构成要件，而非法占有目的之对象当然就是财产，其衡量标准当然离不开体现财产价值或价格的数额。就此而言，《刑法》以"数额较大"作为保险诈骗罪定罪量刑的标准也符合该罪"目的犯"的要求。需要指出的是，保险诈骗犯罪行为对保险管理制度侵害所造成的结果是一种无形的结果，而对财产关系侵害所造成的结果则是一种有形的结果。由于无形的结果很难有具体的判断标准，而有形的结果则可以具体"数额"加以衡量，因此，《刑法》以有形的结果作为定罪量刑的依据是有充分道理的。事实上，保险诈骗犯罪对于财产关系的侵害必然会同时造成对保险管理制度的侵害，而且从某种角度分析，在保险领域中对财产关系的侵害程度也必然反映出对保险管理制度的侵害程度，即行为人占有财物数额越大，对保险管理制度侵害也就越大。因此，笔者认为，《刑法》以"数额较大"作为构成保险诈骗罪的要件，可以将较大部分的保险诈骗行为排除在犯罪之外，可以起到限制处罚范围的作用。

二、保险诈骗罪共同犯罪形态的认定

现代社会的保险制度相当复杂，这在很大程度上导致了保险诈骗行为本身的复杂多样性。《刑法》第198条虽然规定，投保人、被保险人和受益人都可以单独构成保险诈骗罪，但从其所列举的五种行为方式看，并非三种主体都可以单独实施所有类型的犯罪。例如，虚构保险标的、恶意重复投保骗取保险金的行为只能由投保人单独实施；故意制造保险事故、虚假理赔的，则可以由投保人、被保险人或受益人分别实施。另外，在很多情况下，行为人需要在别人的帮助下才能完成保险诈骗行为，例如，实践中往往是投保人、被保险人、受益人之间相互勾结，共同实施保险诈骗行为，才能达到占有保险金的目的。因此，有必要从理论上对保险诈骗罪的共同犯罪问题加以研究。

第一，投保人、被保险人、受益人与其他人员相互勾结骗取保险金的共同犯罪问题。投保方人员与其他人相互勾结，基于共同骗取保险金的故意，共同实施了保险诈骗行为的，符合保险诈骗罪的构成要件，成立保险诈骗罪的共犯，这是最常见的共犯形态。需要讨论的是，在司法实践中，其他人能否成为保险诈骗罪的共同正犯？根据《刑法》第198条的规定，保险诈骗罪的主体仅限于投保人、被保险人和受益人。但是，由于保险诈骗罪在刑法理论上并非亲手犯，[1]因此，如果基于骗取保险金的共同故意，实施虚构保险标的等骗取保险金的共同行为，其他人完全可以与投保方人员一起成立保险诈骗罪的共犯。

第二，投保方人员与保险事故鉴定人、证明人、财产评估人共同骗取保险金的共同犯罪问题。《刑法》第 198 条第 4 款规定："保险事故的鉴定人、证明人、财产评估人故意提供虚假的证明文件，为他人诈骗提供条件的，以保险诈骗的共犯论处。"对这一规定是否属于刑法理论上的片面共犯，理论界存在不同的观点。第一种观点认为，该条款属于对一般共同犯罪的提示性规定，[2]即它是在《刑法》已有相关规定的前提下，提示司法人员注意，以免司法人员忽略的规定。它并没有改变相关规定的内容，只是对相关规定内容的重申或具体化。根据这种观点，《刑法》第 198 条第 4 款并没有改变《刑法》总则关于共犯的规定，保险事故的鉴定人、证明人、财产评估人故意提供虚假证明文件的行为，只有同时符合《刑法》第 25 条关

---

1. 亲手犯也叫自手犯，是指行为人必须亲自实施，不能利用他人实施的犯罪形态。例如，证人只能自己实施伪证罪，不能利用无证人身份的人实施伪证罪。参见姜伟：《犯罪形态通论》，法律出版社 1994 年版，第 254 页。

2. 参见张明楷：《刑法学》，法律出版社 2011 年版，第 718—719 页。类似观点还可参见赵秉志、杨诚主编：《金融犯罪比较研究》，法律出版社 2004 年版，第 339 页；花林广：《论保险诈骗罪》，载《中国刑事法杂志》2003 年第 2 期；林荫茂：《保险诈骗犯罪定性问题研究》，载《政治与法律》2002 年第 2 期；张亚杰、刘新艳：《保险诈骗罪之立法评价——对刑法第 198 条的思考》，载《政治与法律》2004 年第 5 期。

于共同犯罪的规定，才能构成保险诈骗罪的共犯，即鉴定人等只有在与他人有诈骗保险金之共谋的前提下提供虚假证明文件时，才构成保险诈骗罪的共犯。理由主要是：其一，由于《刑法》第229条规定了提供虚假证明文件罪，保险事故的鉴定人、证明人、财产评估人故意提供虚假的证明文件，为他人诈骗保险金提供条件的行为，也可能符合第229条的规定，故第198条第4款旨在提示司法人员对于上述行为不得认定为提供虚假证明文件罪，而应以保险诈骗罪的共犯论处；其二，即使没有本款规定，对于上述行为也应当按照《刑法》总则关于共犯的规定，以保险诈骗罪的共犯论处。第二种观点认为，该条款属于对片面共犯的特别规定。[1]其特殊性在于：保险诈骗的共犯在鉴定人、证明人、财产评估人只具有单方面故意的情况下也可以成立。因为他的故意是单方面的，而不是行为人之间的共同故意，与我国《刑法》规定的共同犯罪的一般概念有所区别。

笔者认为，《刑法》第198条第4款中包含片面共犯的内容，而且按照条文规定的内容，对于有片面合意的成员是可以

---

1. 参见刘宪权、卢勤忠：《金融犯罪理论专题研究》，复旦大学出版社2005年版，第146页。类似观点还可参见吕艳珍：《保险诈骗罪法律适用中的几个问题》，载《河南公安高等专科学校学报》2001年第1期；屈学武：《金融刑法学研究》，中国检察出版社2004年版，第164页；薛瑞麟主编：《金融犯罪研究》，中国政法大学出版社2000年版，第396页；杜国强：《保险诈骗罪共犯问题研究》，载《人民检察》2005年第1期；单长宗等主编：《新刑法研究与适用》，人民法院出版社2000年版，第430页。

按共同犯罪处理的。需要讨论的是，该款是否包含片面合意？《刑法》规定保险事故的鉴定人、证明人、财产评估人故意提供虚假的证明文件，为他人诈骗提供条件的情况，确实可能存在保险事故的鉴定人、证明人、财产评估人与实施保险诈骗者通谋，为保险诈骗提供便利条件的情况；也可能存在保险诈骗者并没有与保险事故的鉴定人、证明人、财产评估人通谋，有关人员在明知诈骗者诈骗故意和诈骗行为的情况下，仍然为其提供虚假的证明文件，为其诈骗提供条件，而此时保险诈骗者并不知情的情况。其理由是，《刑法》第198条第4款并未使用"通谋"一词加以限制，这就说明，《刑法》并未将后一种情况（即没有通谋的情况）排除在条款规定之外。同时，《刑法》强调，对于保险事故的鉴定人、证明人、财产评估人，以保险诈骗罪的共犯论处，这就意味着对没有通谋情况中的单方面合意者也可以保险诈骗罪共犯论处。

三、保险诈骗罪罪数的认定

由于行为人在实施保险诈骗犯罪行为过程中，很容易在行为方式或结果上又触犯《刑法》规定的其他罪名，例如，为了骗赔而采取故意杀人、放火、故意伤害、故意毁坏财物等手段，因此就产生了一罪与数罪的划分问题。对此，刑法理论上有不同的观点。有人认为，从刑法理论上分析，这种情况与牵连犯的原理较为吻合，即故意杀人、放火、故意伤害、毁坏财物等行为是行为人实施保险诈骗犯罪行为的手段行为，而以此骗取保险金的行为则是行为人的目的行为。[1] 因此，对这种情况的处理，不应实行《刑法》规定的数罪并罚，而应以牵连犯认定，并采用重罪吸收轻罪的原则加以处罚。有人则认为，这种情况虽然符合刑法理论上的牵连犯原理，但《刑法》中已有专门条款作出了实行数罪并罚的规定，可见时下刑法理论中的牵连犯已经出现了"法定化"和"数罪并罚化"的立法倾向。[2] 因此，在处理这种案件时，应以牵连犯认定并依《刑法》的有关规定实行数罪并罚。

对于上述两种观点，笔者均不能赞同。这里实际上涉及对牵连犯含义的理解问题。牵连犯作为罪数形态的一种，从其概念提出的初衷分析，它是与数罪并罚相对应的一组罪数形态概念中的一个，即从根本上讲，既然是牵连犯，就不应该有数罪并罚的问题，如果实行数罪并罚，就不是牵连犯。如果说对牵连犯也可以实行数罪并罚，那么在理论上牵连犯还有什么存在的必要？显然，认为对牵连犯可以实行数罪并罚的观点，是从根本上对传统刑法理论提出挑战，这种挑战本身实际上是建立在否定牵连犯存在必要性的基础之上的，既然如此，也就没有

1. 参见高秀东：《论保险诈骗罪》，载赵秉志主编：《新千年刑法热点问题研究与适用》（下），中国检察出版社 2001 年版，第 1453 页。

2. 参见高秀东：《论保险诈骗罪》，载赵秉志主编：《新千年刑法热点问题研究与适用》（下），中国检察出版社 2001 年版，第 1453 页。

必要再对其处罚问题进行研究了。笔者认为，牵连犯概念设立的初衷，应是从社会危害性以及行为与行为之间的关联性角度，为了将某些《刑法》没有明文规定，但行为人数行为之间具有牵连关系且具有一个共同的犯罪目的的情况，从数罪并罚中分离出来。就此而言，无刑法规定性和不实行并罚性，理所当然是牵连犯的本质特征。因此，上述第二种观点认为牵连犯已"法定化"和"数罪并罚化"的观点值得商榷。

　　同时，笔者还认为，在实施保险诈骗行为时，兼犯其他诸如故意杀人罪等的案件中，虽然行为人的诈骗行为与杀人等行为之间具有一定的联系，但并不符合刑法理论中牵连犯的构成要件。因为对牵连犯的构成要件，从主观上分析，行为人应具有一个犯罪目的；从客观上分析，行为人的方法行为与目的行为或原因行为与结果行为在法律上应包含于一个犯罪构成客观要件之中。但是在上述保险诈骗犯罪中，行为人的诈骗与杀人等行为，在构成要件上并没有相互包含的关系，即杀人等行为无法被保险诈骗罪中"虚构事实、隐瞒真相"的客观特征所包含，所以不能将这种情况视为牵连犯。但是，如果行为人为骗取保险金，伪造了有关公文、证件、印章等，则可以视为牵连犯。因为伪造公文、证件、印章的行为本身就属于虚构事实的行为，其完全可以为保险诈骗罪中"虚构事实、隐瞒真相"的客观特征所包含。正是因为这一点，《刑法》第198条第2款才明确规定对实施保险诈骗行为并兼犯其他诸如故意杀人罪等的情况实行数罪并罚。从司法实践分析，立法者之所以强调对这种情况实行数罪并罚，主要因为若不实行数罪并罚，可能会导致司法实践中的重罪轻判。因此，上述两种观点认为实施保险诈骗行为时，兼犯故意杀人罪等的情况是牵连犯，也值得商榷。

需要讨论的是，如果行为人仅实施故意制造保险事故的犯罪行为，而没有向保险公司提出索赔要求的，对行为人的行为应否认定为数罪？目前，理论上大多数学者认为不应认定为数罪，笔者也同意这一观点。依笔者之见，行为人在制造保险事故后，没有提出索赔要求，就不可能实际骗取保险金，相关制造保险事故的行为只是为骗取保险金制造条件而已。在这种情况下，对于行为人的行为就不应该认定为数罪，因为数罪的最主要标志是行为人必须实施了数个行为，但在这类案件中行为人并没有实施数个行为。

如果行为人故意制造保险事故骗取保险金，但没有得逞，是否可以认定为数罪？理论上有人认为这属于想象竞合犯。笔者不同意这种观点，因为在这种案件中，行为人实施了两个行为，即既实施了制造保险事故的行为，又实施了骗取保险金的行为，没有骗到保险金，只能说明是保险诈骗未遂，而并非未实施保险诈骗行为。由于想象竞合犯的最本质特征是一个行为，因此，这种情况不属于想象竞合犯。

图书在版编目(CIP)数据

金融诈骗犯罪研究/刘宪权著. —上海:上海人
民出版社,2023
ISBN 978-7-208-18419-0

Ⅰ.①金… Ⅱ.①刘… Ⅲ.①金融诈骗罪-研究-中
国 Ⅳ.①D924.334

中国国家版本馆 CIP 数据核字(2023)第 133559 号

责任编辑 伍安洁
封面设计 一本好书

金融诈骗犯罪研究

刘宪权 著

出　　版　上海人&出版社
　　　　　　(201101　上海市闵行区号景路 159 弄 C 座)
发　　行　上海人民出版社发行中心
印　　刷　上海商务联西印刷有限公司
开　　本　890×1240　1/32
印　　张　6.75
插　　页　2
字　　数　128,000
版　　次　2023 年 8 月第 1 版
印　　次　2023 年 8 月第 1 次印刷
ISBN 978-7-208-18419-0/D·4164
定　　价　48.00 元